明治図書

中学校新学習指導要領

数学的活動の授業デザイン

意図的に活動を生み出すための
6つの視点に基づく
授業構想

文教大学教授
永田潤一郎 編著

はじめに

唐突ですが質問です。中学校の数学の授業で，「もっと数学的活動を！」を実現するには，どうすればよいと思いますか？

本書には，この質問に対する１つの提案がまとめられています。ですから，この質問に対して，あなたが「いやいや，自分の授業では，数学的活動をすでに十分実現できていますよ」と回答できるなら，残念ながらこの本を読んでも，あまり得るものはないかもしれません。逆に，この本の提案について一緒に考えてほしいと思っているのは，「自分の数学的活動を通した指導って，これでいいんだろうか…」と疑問を感じている教師や，「これから数学的活動を通した授業づくりに取り組もうと思うのだけれど，どうすればいいんだろう…」と模索している指導経験の浅い教師，さらには教師志望の学生など，“数学的活動ビギナー”の方々です。せっかく本書を手に取っていただいたのに申し訳ありませんが，この先を読み進める前にここでちょっと立ち止まって，自分と数学的活動の関係について，まず自己評価をしてみてください。

ところで，なぜ今，「もっと数学的活動を！」なのでしょうか。

それは，新学習指導要領で，数学的活動の重要性がこれまでにも増して一層高まっているからです。すでにご存じだと思いますが，新学習指導要領で中学校数学科の内容として示されている「知識及び技能」と「思考力，判断力，表現力等」については，数学的活動を通して，子どもが身に付けられるように指導することとされています。また，新学習指導要領の教科横断的なキーワードである「主体的・対話的で深い学び」についても，中学校数学科では，数学的活動を通してその実現を図ることが教師に要請されています。つまり，新学習指導要領の趣旨の実現に向けて，数学的活動はこれからの中学校数学科における指導の中枢を担っていると言っても過言ではないのです。

でも，あなたの周りをちょっと見回してみてください。こうした要求をしっかりと受けとめて，的確に対応できるくらいに数学的活動を自家薬籠中のものとしている教師って，いったいどれくらいいるでしょうか。

何人かの教師の顔が思い浮かんだという方もいるでしょうが，その教師の指導を受けることができる子どもって何人くらいいるんでしょう。文部科学省が実施している学校基本調査によると，2017年５月１日現在，全国の中学校に通う子どもは3,333,334人いるそうです。「少子化」といっても，その人数は膨大です。新学習指導要領の趣旨の実現は，こうした子どもたちが分け隔てなく，数学的活動を通して数学を学ぶ機会に恵まれるようにしていくことが前提となっているのです。

こうした現状認識と，全国的に進行中である教師の世代交代とが相まって，中学校数学科における指導の未来に，そこはかとない不安を感じた私が，同じような思いをもった仲間と共に，「もっと数学的活動を！」の実現を考える学習会，自称「数学的活動普及促進委員会」を始めて早４年。本書は，その活動の経過報告書でもあります。

本書は２部構成になっています。

第１部では，これまでの学習指導要領や新学習指導要領における数学的活動の位置付けと，その指導の現状を確認することから始めます。そして，数学的活動を教師の指導の側面から捉え，実践の前提となる授業の構想を立てることに焦点を当てて，これからの数学的活動の在り方についての考察を深めていきます。本書のタイトルにある「授業デザイン」とは，こうした姿勢を意図したものです。また，こうした立ち位置からの考察は，数学的活動を子どもの活動の側面から捉え，実践そのものに焦点を当てて考えようとする教師が少なくない現状に対するメッセージでもあります。優れた実践は，優れた構想なくして生まれるものではありませんよね。

第２部では，第１部での考察を受けて，数学的活動普及促進委員会の各メンバーが，それぞれの立場から，数学的活動の授業デザイン例を提案します。いずれの事例も学習会で検討を重ねてきたものですが，数学的活動に対する熱い思いをもった教師ばかりなので，喧喧諤諤，毎回激論を戦わせてきたにも関わらず，なかなか自説を曲げない兵《つわもの》ぞろいで苦労しています。くれぐれも「これぞ，数学的活動の正しいやり方！」などと受けとめず，あなたが指導する子どもの顔を思い浮かべて，「自分だったらどうするか？」という批判的思考を働かせながら読み進めてください。数学的活動に「正しいやり方」などあるはずがないことを，くれぐれもお忘れなく。

最後になりましたが，本書の基になっている学習会の活動に対し，大所高所よりご指導とご支援をいただいている信州大学の宮崎樹夫先生に，この場をお借りして御礼申し上げます（「先生」と呼ばれることを嫌う方ですが，今回はあえてそう呼ばせていただきますね）。また，本書が世に出るきっかけをつくり，執筆の過程では最大限の自由（こんな判型にして欲しいというリクエストに応えてくれたこともその１つです）と的確なアドバイスをくださった明治図書出版株式会社の矢口郁雄氏に心から感謝申し上げます。

2018年５月

永田潤一郎

Contents

第2部
数学的活動の授業デザイン例

第１部
数学的活動をデザインする

第1章 数学的活動と学習指導要領

これからの数学的活動を通した授業づくりについて考える前に，学習指導要領における数学的活動の位置付けを確認しておきましょう。数学的活動はどこから来てどこへ行こうとしているのか…その来し方と行く末に思いを巡らせることは，あなたの授業づくりの基盤となるはずです。

1 これまでの数学的活動

1 数学的活動と「楽しさ」

あなたは，数学的活動がいつ，何のために学習指導要領に登場したのか知っていますか。

「数学的“な”活動」だったら，学習指導要領が作成されるようになった当初から，その内容に位置付けられていたはずです。そもそも数学の授業は，数学的な活動で満ちているはずですから。では，「数学的活動」という用語として，学習指導要領に明記されるようになったのはいつからなのか…それが分かると，数学的活動の登場の経緯が分かります。

数学的活動が初めて登場したのは，平成10（1998）年に改訂された学習指導要領です。今から20年も前のことで，数学的活動もすでに成人を迎えていることになります。当時の学習指導要領の教科目標は以下の通りで，「数学的活動」の記述はこの１か所だけ（下線は著者によるものです）で，学習指導要領の内容等には一切記述がありませんでした。

> 数量，図形などに関する基礎的な概念や原理・法則の理解を深め，数学的な表現や処理の仕方を習得し，事象を数理的に考察する能力を高めるとともに，数学的活動の楽しさ，数学的な見方や考え方のよさを知り，それらを進んで活用する態度を育てる。（36ページ）

ポイントは，数学的活動が「楽しさ」とセットで登場したということ。「楽しいかどうか」は主観的な問題で，教科の目標として相応しくないのではないか，むしろ「数学的活動の意義」などとすべきではないか…というような指摘もあったようですが，当時はどうしても「楽しさ」が必要な状況でした。その状況については，平成10年に学習指導要領が改訂される際，教育課程審議会がその改訂の方向性を示した「幼稚園，小学校，中学校，高等学校，盲学校，聾学校及び養護学校の教育課程の基準の改善について（答申）」（以下，「教課審答申」とします）に示されています。教課審答申では「現行の教育課程の下における我が国の子どもたちの学習状況は全体としてはおおむね良好である」と肯定的に評価しながら，特に算数・

数学の学習については「国際比較すると，得点は高いものの，積極的に学習しようとする意欲等が諸外国に比べ高くはない」ことを問題として指摘しています。「おおむね良好」とか「得点は高い」とか，今から考えるとずいぶん楽観的だと違和感を覚えたかもしれませんが，これはその後に続く「学力低下論争」や「PISA ショック」などより前の話で，当時の算数・数学教育には，「子どもの学力は高いのに，楽しく学んでいる子が少ないってどういうこと？」とか「それって，教師の教え方に問題があるのでは？」といった疑問が投げかけられていたのです。これを受け，教課審答申では，算数・数学科において「実生活における様々な事象との関連を考慮しつつ，ゆとりをもって自ら課題を見つけ，主体的に問題を解決する活動を通して，学ぶことの楽しさや充実感を味わいながら学習を進めることができるようにすることを重視して，内容の改善を図る」ことを学習指導要領改訂の基本方針としました。そして，子どもが数学を学ぶことの楽しさを実感できるようにすることを目指して学習指導要領に導入されたのが，数学的活動だったわけです。

ところで，この教課審答申が示した改訂の基本方針，今読み返してみるとなかなか興味深いものです。「ゆとりをもって」はその後「ゆとり世代」といった言葉と共に批判の対象となりましたが（これも多分に誤解が含まれていると思いますが…），

・実生活における様々な事象との関連を考慮する。

・自ら課題を見つけ，主体的に問題を解決する活動を通す。

という算数・数学科における指導の方針は，数学的活動の「楽しさ」と共に，20年を経た現在の学習指導要領まで綿々と引き継がれているのです。別の言い方をすれば，20年経っても課題であり続けているということでもあるわけですが…。

2 数学的活動と「考えること」

数学的活動の楽しさは，数学を学ぶことの楽しさを意図していることが分かりました。あなはた，数学を学ぶことのどのような楽しさを大切にする必要があると思いますか。

数学を学ぶことの楽しさにはいろいろな側面がありますが，ここで注意したいのは，教師が「子どもが学ぶ＝子どもが学習活動に取り組む＝子どもの話し合ったり，発表したりする活動が盛り上がる」という発想で表面的な活動の楽しさばかりを追い求めると，楽しさの本質を見失いかねないということです。アクティブ・ラーニングの流行以降，その傾向は一層強まっているのではないでしょうか。こうした状況に対して，平成20（2008）年に改訂された学習指導要領の解説では，数学的活動を通して子どもにどのような知的成長がもたらされるかという質的側面に目を向けるよう教師に促しています。つまり，教師は，子どもが楽しく活動できるようにする指導にとどまらず，子どもが今まで分からなかった何かが分かったり，今までできなかった何かができるようになったりする指導を心掛け，その変化を子ども自身が実感できるようにする指導までを目標にす

る必要があるのです。その意味で大切にしたい数学的活動の楽しさが，「考えること」の楽しさです。活動すること自体を目的とするのではなく，自分の考えを深めたり，拡げたりできるようになると共に，そのことを実感することに楽しさを見いだせるような子どもを育てたいということです。

ところで，最近，「考えること」の価値が急落していると感じることはありませんか。子どものことではなく，大人の世界の話です。「現代は考える人が減り，調べる人が増える時代である」という話を聞き，自分のことを言われたように感じてびっくりしました。あなたもその１人ではないでしょうか…確かめてみましょう。例えば「どうしてだろう？」と何かに疑問を感じたとき，あなたが最初にすることは何ですか。恐らく，ほとんどの人は，その理由を考える前にポケットからスマホを取り出して，またはパソコンの前に座って「ググる」…つまりその理由をネットで検索するのではないでしょうか。もちろん，調べること自体は考えるための前提として大切なことです。でも，多くの人はググった結果を見て「あぁ，そうなんだ…」と納得し，考えること自体をやめてしまっているのではないでしょうか。現代は考えることを怠り，調べることで満足する人が多数を占める社会になっていないでしょうか。中学校で数学の授業を参観させてもらった後，授業者と話をした際などに，「最近の子どもは，粘り強く考えもしないで答えばかり知りたがる」という意見を聞かせてもらうことがありますが，実のところ，考えることについてのこうした実態は，大人も子どもと大差ないのではないでしょうか。「考えること」の意義を今一度見直し，数学の授業を通じてその楽しさを子どもが実感できるようにする指導を実現する必要がありそうです。

では，「考える」って，そもそもどういうことなんでしょう。この質問に答えようとした段階で，すでにあなたは考え始めていると思いますから，「考える」ことをしたことがない人はいないと思いますが，改めて問われたら，どう説明しますか。これは数学の教師が陥りがちな発想のように思えるのですが，私たちは知らず知らずのうちに，「考える＝正しい答えを導く」と意味付けるようになっていないでしょうか。もちろん，子どもが考えた成果として正しい答えに辿り着けるようにすることは，教師にとって大切な指導です。でも，授業における取組の様子を観ていると，途中で道に迷ったり，教師の想定外の結論に辿り着いていたりしても，自分なりに熱心に考えている子どもは少なくないように感じます。本来，「考える」とは，自らが感じた疑問に主体的に取り組み，自分が納得できるようにその状況の解消を図ろうとすることです。その納得のレベルや解消の仕方は深かったり，浅かったり，結局解消できなかったりと人それぞれであってよいのではないでしょうか。私の個人的な経験を振り返ってみても，じっくり考えて「よし，分かったぞ！」と思ったことが，後になって非常に浅い理解であったことに気付かされて一人赤面した…というようなことは枚挙に暇がありません。でも，そんな場合であっても，そのプロセスを楽しみ，自分なりに腑に落ちる感覚を得る努力をすることが「考えること」の本質ではないでしょうか。数学的活動を通した指導においては，教師がこうした「考えること」の本質に立ち戻って，授業づくりに取り組む必要もあるのです。

3　数学的活動と授業

学習指導要領における数学的活動の位置付けを授業づくりに活かそうとするとき，あなたはどのようなことに気を付ける必要があると思いますか。

ここでは，授業づくりの前提として，２つの注意点を確認しておきましょう。

１つ目は，数学的活動では，子どもの学習以上に教師の指導が重要であるということです。「活動」という言葉から，どうしても授業の中で子どもがどう動いているかという学習の様子にばかり目が行ってしまいがちですが，「考えることの楽しさ」が自然発生的に授業の中に出現することは希です。活動するのは子どもですが，活動できるように指導するのは教師の仕事。教師の意図的な指導が子どもの活動を生み出すのです。平成20年に改訂された学習指導要領の解説には，数学的活動と学習指導要領改訂の基本的な考え方として，次のような記述があります。

> 教育及び学習指導が，願いや目的を実現するための意図的，計画的な営みであることに配慮すれば，教師のかかわりは必要であり，生徒の自立への誘いである。したがって，教師のかかわりは，時に積極的であり，次第にあるいは状況に応じて個別的，間接的になり，最終的には生徒自身が自力でする営みの機会を設けることが必要である。（53ページ）

目の前にいる子どもたちの学習の状況に応じて，こうした関わりのバランスを適切に保つことのできる教師こそ，高い力量をもった教師と言えるのではないでしょうか。

でも，教室にはいろいろな子どもがいますね。数学が好きな子どももいれば，できれば授業を受けたくないという子もいます。「学級の全員が考えることを楽しむ授業なんて理想であって現実には無理！」と感じた方もいるのではないでしょうか。私もその通りだと思います。でも，私が言いたいのはそういうことではないのです。考えて欲しいのは，数学的活動を通して「子どもが考えることを楽しめるか」という学習の側面ではなく，「子どもが考えることを楽しめるように，教師は指導をどのように工夫することができるのか」という指導の側面なのです。もし，あなたが「どうせ自分の学級の全員が考えることを楽しむなんて無理だから…」と判断して「考えることの楽しさ」の追究を諦めれば，あなたの数学的活動を通した指導の質が今以上に高まることはないですね。「ここで，こんなふうにして子どもたちを不思議がらせよう」「こんな発問をして困らせよう」「いろいろ予想させてどれが正しいのか迷わせよう」

などなど，あなたが子どもの「考えることの楽しさ」の実現を意図して，どんな指導の工夫を授業づくりに盛り込むことができるのかに光を当て，教師の指導としての数学的活動の質を問うべきではないか…ということなのです。

数学的活動と授業づくりに関連して確認しておきたいことの２つ目は，数学的活動を通した指導には決まった型やスタイルがあるわけではなく，ましてや，これまでに無い斬新な指導法が求められているわけでもないということです。数学的活動が最初に登場した平成10年改訂の学習指導要領では，前述した通り，教科の目標に「数学的活動」という表記が１回登場するだけですが，学習指導要領の解説では，数学的活動を「身の回りに起こる事象や出来事を数理的に考察する活動と幅広くとらえることができる」とし，例として，次のような活動を示しています。

・日常，不思議に思うこと疑問に思うことなどを，既に身に付けた知識をもとによく観察し問題点を整理すること
・見通しをもって結果を予想すること
・解決するための方法を工夫すること
・たどり着いた結果やその過程についても振り返って考えること
・事象の中に潜む関係を探り規則性を見いだすこと
・見いだしたことを，分かりやすく説明したり，一般化したりすること

こうした活動はいずれも問題解決の授業では珍しいものではありませんね。当時はこうした多様な活動を通じて「考えることの楽しさ」を実現する指導への改善が求められていたのです。また，平成20年に改訂された学習指導要領では，こうした活動の多様性を活かした指導を整理する視点から，学習指導要領の内容に「〔数学的活動〕」の項が設定され，「数や図形の性質などを見いだす活動」「数学を利用する活動」「数学的に説明し伝え合う活動」の３つの活動が例示されると共に，学習指導要領の解説には具体的な事例も示されました。また，学習指導要領の解説では，数学的活動を「生徒が目的意識をもって主体的に取り組む数学にかかわりのある様々な営み」と定めています。ここで，「目的意識をもって主体的に取り組む」とは，子どもが新たな数や図形の性質や考え方を見いだそうとしたり，具体的な課題を解決しようとしたりすることを意味するもので，例えば，

・「なぜだろう…」と疑問をもつこと
・「もしかしたら…」と予想を立てること
・「こうすれば…」と解決の方針を立てて実践すること
・「それならば…」と解決の結果やその過程を評価・改善・発展させること

として，授業の中にあらわれるものです。何か特別な教材や指導法を用いるのではなく，普段の授業の中にこうした視点からの指導を取り入れることで「考えることの楽しさ」を実現し，子どもが基礎的・基本的な知識及び技能を確実に身に付けると共に，数学的に考え表現する力を高めたり，数学を学ぶことの楽しさや意義を実感したりすることができるようにしようとしたわけです。

② これからの数学的活動

1 数学的活動の継承

あなたは，平成29年（2017年）に改訂された学習指導要領（以下，「新学習指導要領」とします）で，数学的活動がどのように位置付けられているのか知っていますか。

新学習指導要領における数学的活動の特徴は，「継承」「敷衍」「質の向上」の３つのキーワードで捉えることができそうです。

まず，新学習指導要領でも，従来の学習指導要領における数学的活動についての考え方がしっかり継承されていることを確認しておきましょう。新学習指導要領で，中学校数学科の教科目標の構成が従来から大きく変更されたことはすでにご存じだと思います。目標の構成自体は大きく変わりましたが，「数学的活動を通して」その実現を図ろうとしていることや，「学びに向かう力・人間性等」の視点から，「数学的活動の楽しさ」を子どもが実感できるようにすることを目指していることに変更はありません。また，新学習指導要領の内容でも，４領域に加えて「〔数学的活動〕」の項を設定し，ア，イ，ウの３つの活動を例示していることや，ア，イ，ウの活動がいずれも第１学年と第2，3学年の２種類に書き分けられていることも従来通りです。

余談ですが，新学習指導要領では，小学校算数科においても，従来の「算数的活動」という表現を「数学的活動」に改めると共に，中学校数学科と同じように，教科の目標を数学的活動を通して実現し，「数学的活動の楽しさ」を子どもが実感できるようにしようとしています。また，内容に示された「〔数学的活動〕」の項では，複数の学年を束ねるなどして，３つから４つの活動を例示している点も中学校数学科とよく似ています。新学習指導要領で中学校数学科が継承した数学的活動についての考え方は，小学校算数科にも拡がっているわけです。

2 数学的活動の敷衍

これからの数学的活動は，これまでの数学的活動についての考え方を継承しているだけなのでしょうか。あなたは，従来からの変更点とその意味に気が付きましたか。

新学習指導要領では，数学的活動の次の一歩として，いくつかの視点が示されています。その１つが，より多くの授業に数学的活動を通した指導を敷衍しようとしていることです。新学習指導要領では，「数学的活動」という表記が38カ所ありますが，これは平成20年に改訂された学習指導要領の12カ所の約３倍に達します。なぜこんなに増えたのかを調べてみると，「数学的活動を通して指導する」

という表現（またはこれに類する表現）が24カ所もあるのです。教科の目標に数学的活動を通してその実現を目指すことが明記されているので，このリフレインの重複感は否めませんが，指導する教師に対して，数学的活動を通した指導の必要性を一層強調したいということなのでしょう。特に，新学習指導要領では，各領域の内容が「知識及び技能」と「思考力，判断力，表現力等」に分けて記述されているので，数学的活動を通して子どもが身に付けることができるようにする事項が，「思考力，判断力，表現力等」にとどまらず，「知識及び技能」にもおよぶことが明確になっています。これまでも，数学的活動を通した指導を，どのような場面で行うかに特に制限があったわけではありませんが，「数学的活動を通した指導は，各単元の内容を利用したり活用したりする場面で…」と考えていた方は少なくないのではないかと思います。これからは，利用したり活用したりする知識や技能を指導する場面にも，数学的活動を拡げて欲しいということです。

ところで，新学習指導要領が数学的活動の活躍場面を拡げようとしているのはなぜなのでしょうか。数学的活動の敷衍は，新学習指導要領が教科横断的に求めている「主体的・対話的で深い学び」の実現と深く結び付いています。「主体的・対話的で深い学び」の実現とは，いずれの教科等においても，教師が授業の改善を通して子どもの質の高い学びを実現することです。これによって，三つの柱に沿って整理された資質・能力（「知識及び技能」，「思考力，判断力，表現力等」，「学びに向かう力，人間性等」）を子どもが偏りなく身に付け，生涯にわたって能動的に学び続けることができるようにすることが求められています。こうした教科横断的なテーマを受けて，中学校数学科では，新学習指導要領の「指導計画の作成と内容の取扱い」の中で，「数学的活動を通して，生徒の主体的・対話的で深い学びの実現を図るようにすること」が明確に述べられています。このように，中学校数学科では，「主体的・対話的で深い学び」を数学的活動を通した指導で実現しようとしているわけで，数学的活動の守備範囲は当然これまで以上に拡がることになったわけです。

3　数学的活動の質の向上

あなたは，新学習指導要領の数学的活動が，他にどのような新たな視点を示しているのか気が付きましたか。

ここで注目したいのは，数学的活動の過程で子どもが取り組むべき活動を分析的に捉えることで，その質の向上を図ろうとしていることです。何のことだかピンとこないかもしれませんので，まず，平成20年に改訂された学習指導要領の解説に示されている数学的活動の定義と，新学習指導要領の解説に示されている定義を比較してみることにしましょう。

次ページの表は，２つの学習指導要領の解説から該当する記述を抜き出したものです。新学習指導要領の解説に示された数学的活動の定義の方が，若干長くなっていることが分かりますね。

平成20年改訂学習指導要領解説	新学習指導要領解説
生徒が目的意識をもって主体的に取り組む数学にかかわりのある様々な営み	事象を数理的に捉え，数学の問題を見いだし，問題を自立的，協働的に解決する過程を遂行すること

なぜ長くなったのかをよく見てみると，従来「生徒が目的意識をもって主体的に取り組む」とされていた学習への取り組み方を，

・事象を数理的に捉える。

・数学の問題を見いだす。

・問題を自立的，協働的に解決する。

と具体的に子どもの活動として示したためであることが分かります。新学習指導要領の解説では，こうした数学的活動の定義の変更について「従来の意味をより明確にした」としています。子どもが学習を通じて，どのような活動に取り組む必要があるのかを明確にしたということでしょう。新学習指導要領では，同じような変更が他にも見られます。例えば，右の表は，平成20年に改訂された学習指導要領と新学習指導要領の「〔数学的活動〕」の項に示されている3つの活動例のうち，第2，3学年の記述を抜き出したものです。

平成20年改訂学習指導要領	新学習指導要領
日常生活や社会で数学を利用する活動	日常の事象や社会の事象を数理的に捉え，数学的に表現・処理し，問題を解決したり，解決の過程や結果を振り返って考察したりする活動
既習の数学を基にして，数や図形の性質などを見いだし，発展させる活動	数学の事象から見通しをもって問題を見いだし解決したり，解決の過程や結果を振り返って統合的・発展的に考察したりする活動
数学的な表現を用いて，根拠を明らかにし筋道立てて説明し伝え合う活動	数学的な表現を用いて論理的に説明し伝え合う活動

「数学的な表現を用いて論理的に説明し伝え合う活動」以外の2つの活動では，いずれも新学習指導要領の記述の方が長くなっていることが分かりますね。このうち，「日常の事象や社会の事象から問題を見いだし解決する活動」を例に取ると，従来は，「日常生活や社会で数学を利用する」という数学的活動の対象と目的が端的に

示されていたものを，「日常生活や社会で数学を利用する」ためにはどのような活動に取り組む必要があるのかという過程に焦点を当てた記述に改められています。こうした変更は，「数学の事象から問題を見いだし解決する活動」でも同じです。

このような変更は，子どもが数学的活動を通してどのような活動に取り組む必要があるのかを従来以上に明確に示すことで，活動自体の質を高め，資質・能力の育成の確実な実現を果たそうとしたものです。平成20年に改訂された学習指導要領から新学習指導要領への改訂の方向性を中央教育審議会が示した「幼稚園，小学校，中学校，高等学校及び特別支援学校の学習指導要領等の改善及び必要な方策等について（答申）」（以下，「中教審答申」とします）の中では，各教科等で資質・能力を育成していくためには，学習過程の果たす役割が極めて重要であるとされています。学習の結果だけでなく，その結果を得るためのプロセスで学んだことも成果として大切にする必要があるということですね。これを受けて，算数・数学科については，「事象を数理的に捉え，数学の問題を見いだし，問題を自立的，協働的に解決し，解決過程を振り返って概念を形成したり体系化したりする過程」といった数学的に問題を解決する過程が重要であるとしています。また，その上で，「日常生活や社会の事象を数理的に捉え，数学的に表現・処理し，問題を解決し，解決過程を振り返り得られた結果の意味を考察する」という問題解決の過程と「数学の事象について統合的・発展的に捉えて新たな問題を設定し，数学的に処理し，問題を解決し，解決過程を振り返って概念を形成したり体系化したりする」という問題解決の過程の２つのサイクルが相互に関わり合って展開し，資質・能力が育成されるよう指導を改善することが求められているのです。下の図は，こうした２つのサイクルと，これを通じて育成すべき資質・能力をまとめたものです。中教審答申に掲載されているので，ご覧になった方も多いのではないでしょうか。

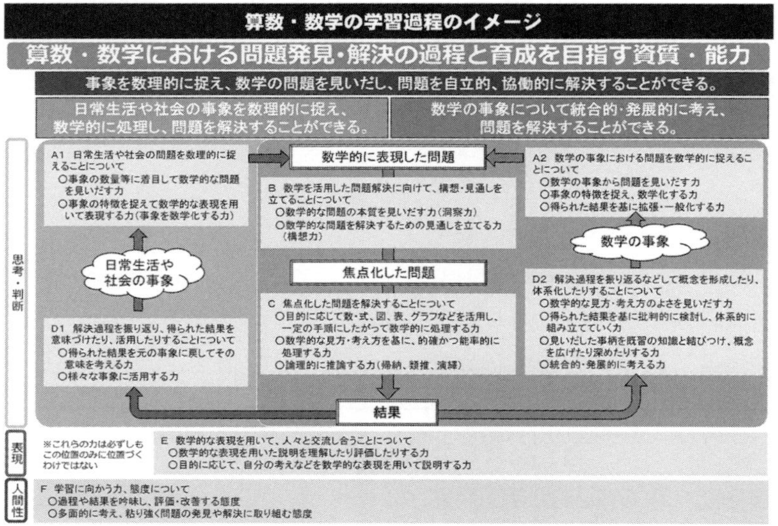

第2章 数学的活動の現状

これまでの数学的活動を継承し，その指導をさらに敷衍して質を高めていくために，教師はどのような指導の改善を図ればよいのでしょうか。その前提として，数学的活動の現状について確認しておきましょう。

1 スカイツリーと富士山

あなたは日々の授業の中で，数学的活動を通した指導をどの程度実施していますか。また，周囲の様子を見回してみて，数学的活動を通した指導はどの程度行われていると感じますか。

ここでは，私の数学的活動の現状認識をお話しすることから始めましょう。あくまで個人的な経験に基づく主観的な印象ですが，とても気になることがあります。

私は，全国各地で行われる研修会や授業研究会に，できるだけ積極的に参加するようにしています。数学的活動をテーマにした会合に参加して授業を参観させてもらったり，実践発表を聞かせてもらったりする機会も少なくありません。そんな経験を通して，私はいつも「数学的活動は東京スカイツリーに似ている…」と感じています。スカイツリーって，広い大地の極限られたスペースにそそり立っていますよね。この「広い大地」は，全国の中学校で日々指導に取り組んでいる数多くの数学の教師です。そして，そそり立つ姿は数学的活動への創意工夫を凝らした取組の状況です。つまり，一部の限られた教師が数学的活動を通した指導に熱心に取り組んでいるのではないか…という意味です。ここで「一部の教師」とは，例えば，教員養成系大学の附属学校の先生や，国・地方自治体などの研究指定を受けた学校の先生などのことです。また，「スカイツリーに似ている」には，別の意味もあります。「広い大地」を，全国の中学校で日々行われている数学の授業と捉えるのです。つまり，日常の授業ではなく，ある特別な授業を中心に数学的活動を通した指導が行われているのではないか…という意味です。ここで「特別な授業」とは，例えば，授業研究会での研究授業や，授業参観日の公開授業など所謂「観せる授業」のことです。

このように，私にとって，数学的活動を通した指導は，主に「一部の教師」が「特別な授業」で行っている…という印象が強いのです。頑張っている先生がいて，熱心な授業づくりが行われているわけですから，それはそれでよさそうですが，個人的には疑問を感じずにはいられません。なぜなら，「一部の教師」であろうがなかろうが，「特別な授業」であろうがなかろうが，そこには同じように子どもたちがいるからです。子どもが教師や授業を選択できない現状を考えると，「一部の教師」と出会えなかった子ども，「特別な授業」に参加できなかった子どもはどうなるのでしょうか。ですから，私は「数学的活動は富士山のようであって欲しい」と思っています。

下の図だと，スカイツリーと比較して富士山の縮尺がおかしいと思われるかもしれませんが，これでよいのです。そそり立つような特別，創意工夫に富んだ取組が必要なわけではありません。それよりも，裾野が広いこと，つまり「一部の教師」ではなく「より多くの教師」が，「特別な授業」ではなく「普段の授業」で数学的活動を通した指導に取り組み，多くの子どもがその指導を受けて数学を学ぶことができるようになることが必要なのです。

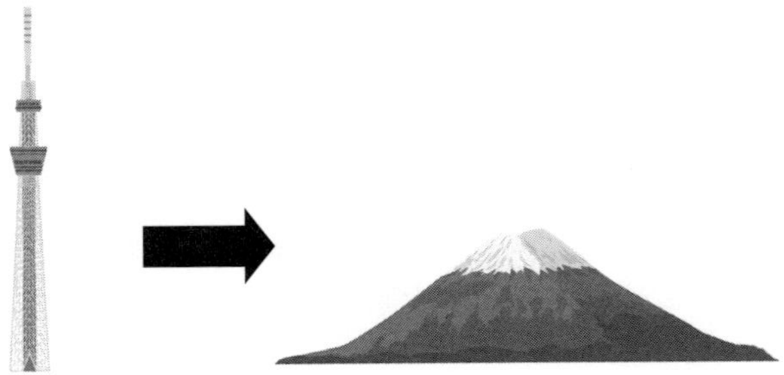

② 数学的活動についての意識調査

1　調査の概要

私の数学的活動の現状に対するこうした印象について，あなたはどう思いますか。単なる思い過ごしでしょうか。

杞憂であればよいのですが，もう少し詳しい状況を知りたいと思い，中学校の数学の教師を対象にした調査をしてみました。前述した通り，私は，全国各地で行われる研修会や授業研究会に参加する機会が少なくありません。そこで，こうした会合に参加する際，主催者にお願いをして，会合の始まる前の10～15分程度の時間をもらい，参加者を対象にしたアンケートをさせてもらいました。調査期間は，平成27年度（2015年度）と平成28年度（2016年度），調査場所は全国16会場で開催された数学的活動をテーマにした研修会や授業研究会。調査対象はそこに参加した中学校の数学教師で，677名が協力してくれました。調査場所は北海道から沖縄県までの14道県におよびます。ただし，数学的活動をテーマにした研修会や授業研究会に参加した教師の考えを聞いているわけで，日本全国の中学校で数学を指導している教師の意識を反映しているとは言えません。「標本調査のよくない例」と言われそうですが，数学的活動の現状を知る上で参考になる大規模な調査とその結果を見いだすことができませんでしたので，参考までに掲載します。また，この調査に協力してくださった先生方には，「結果は，いずれ何らかの形でお伝えします」と約束してしまいました。協力への感謝も込め，この場を借りてその概要を公開したいと思います。なお，調査結果とその分析の詳細については，文教大学教育研究所発行「教育研究所紀要第26号」（93～102ページ）にまとめましたので，興味のある方はご参照ください。

2 調査内容と調査結果

あなたなら，このアンケートの質問項目にどのように回答しますか。自分の回答と比較しながら読み進めてみてはどうでしょう。

調査では，数学的活動に関する12の質問項目について，「その通りだと思う」「どちらかといえばそう思う」「どちらかといえばそう思わない」「そう思わない」の４肢選択で回答してもらいました。前述したような理由から，10～15分程度の時間で回答してもらう必要があったので，項目としてはこれで精一杯です。Ａ４判の紙１枚に印刷して配付し，その場で回収させてもらいました。

12の質問項目とその調査結果は次ページの通りです。なお，質問項目は，以下のような構成になっています。

- 数学的活動についての理解 …①，②
- 数学的活動を通した指導の状況と成果…③，④，⑤
- 数学的活動に期待する効果 …⑥，⑦，⑧
- 数学的活動を通した指導への希望 …⑨，⑩
- 数学的活動を通した指導の課題 …⑪，⑫

調査結果を見てすぐ気が付くのは，多くの項目で肯定的な回答（「その通りだと思う」と「どちらかといえばそう思う」の合計）が７割を超えていることです。中には９割を超えている項目もあります。数学的活動をテーマにした研修会や授業研究会に参加した教師の回答ですから，当然と言えば当然なのかもしれませんが，いくつかの項目について，気になる反応が見られます。

3 数学的活動を通した指導の成果

次ページの質問項目とそれぞれの回答の状況を見て，何か気になることがありませんか。

例えば，項目⑤は「自分には，得意とする数学的活動を通した指導の事例がある」かどうかを問うています。これは，教師が数学的活動を通した指導を通じて子どもの学びの改善を実感できているかや，納得のいく指導を実現できていると感じているかどうかという指導の成果を調べようとしたものです。

調査結果では，肯定的な回答が半数に満たず，他の質問項目とは明らかに異なった傾向が現れています。数学的活動を通した指導の手応えを感じている教師が，必ずしも多くないということですね。このことは，ここまでの質問項目①～④への回答の状況から考えると，私にとってはとても意外なものでした。数学的活動について理解し，指導に取り入れることにも前向きな教師が相当数いるのに，なぜこうした結果になるのでしょうか。不思議に思い，別の視点から調査結果を考察するために，回答した教師を指導経験年数を基準に，

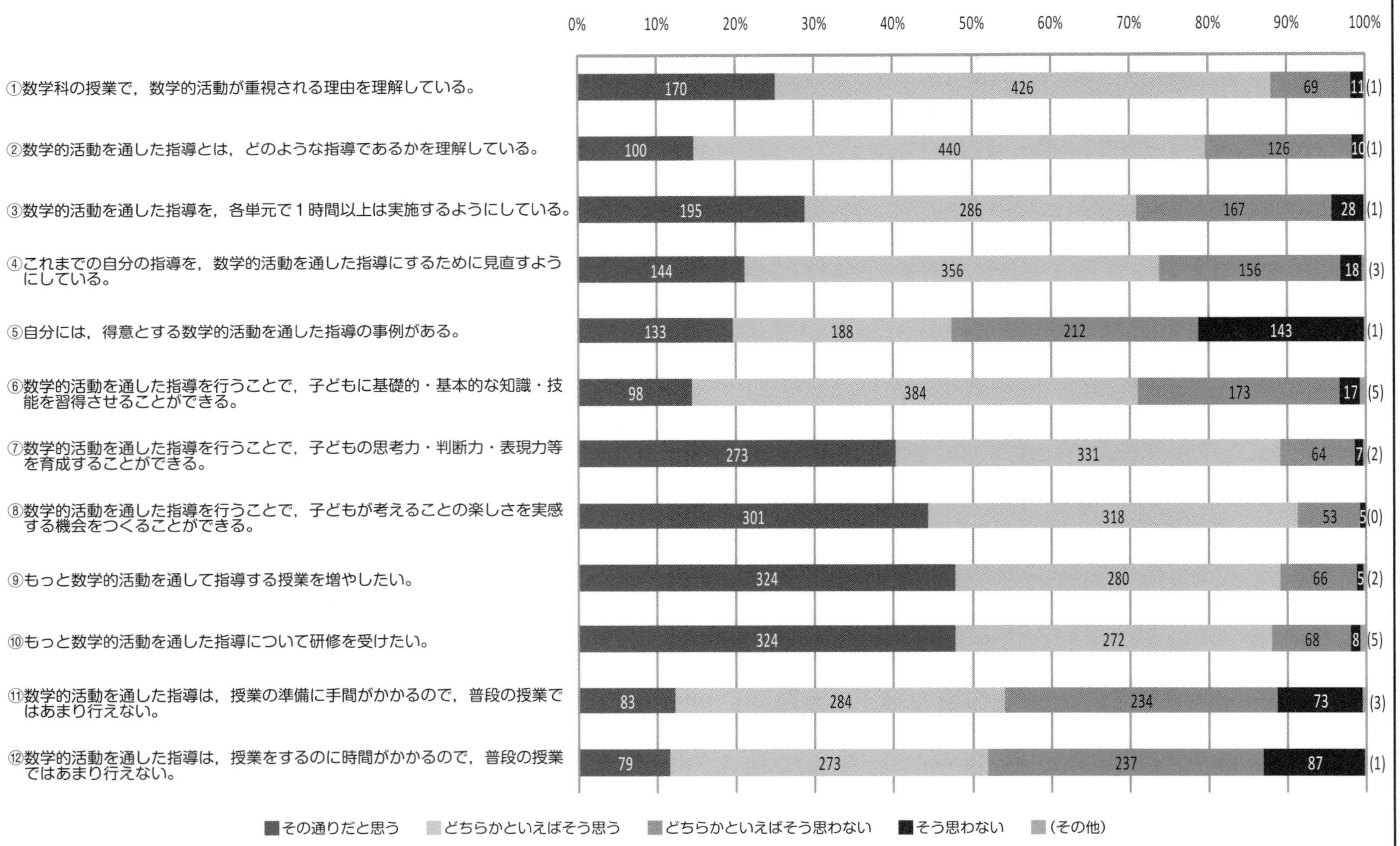
0%
10%
20%
30%
40%
50%
60%
70%
80%
90%
100%
①数学科の授業で，数学的活動が重視される理由を理解している。
170
426
69
11
(1)
②数学的活動を通した指導とは，どのような指導であるかを理解している。
100
440
126
10
(1)
③数学的活動を通した指導を，各単元で１時間以上は実施するようにしている。
195
286
167
28
(1)
④これまでの自分の指導を，数学的活動を通した指導にするために見直すようにしている。
144
356
156
18
(3)
⑤自分には，得意とする数学的活動を通した指導の事例がある。
133
188
212
143
(1)
⑥数学的活動を通した指導を行うことで，子どもに基礎的・基本的な知識・技能を習得させることができる。
98
384
173
17
(5)
⑦数学的活動を通した指導を行うことで，子どもの思考力・判断力・表現力等を育成することができる。
273
331
64
7
(2)
⑧数学的活動を通した指導を行うことで，子どもが考えることの楽しさを実感する機会をつくることができる。
301
318
53
5
(0)
⑨もっと数学的活動を通して指導する授業を増やしたい。
324
280
66
5
(2)
⑩もっと数学的活動を通した指導について研修を受けたい。
324
272
68
8
(5)
⑪数学的活動を通した指導は，授業の準備に手間がかかるので，普段の授業ではあまり行えない。
83
284
234
73
(3)
⑫数学的活動を通した指導は，授業をするのに時間がかかるので，普段の授業ではあまり行えない。
79
273
237
87
(1)
その通りだと思う
どちらかといえばそう思う
どちらかといえばそう思わない
そう思わない
（その他）

・グループ1…指導経験が1年目～10年目までの教師（249人）
・グループ2…指導経験が11年目～20年目までの教師（200人）
・グループ3…指導経験が21年目以降の教師（228人）

の3グループに分け，項目⑤の回答状況を改めて整理したのが下の図です。

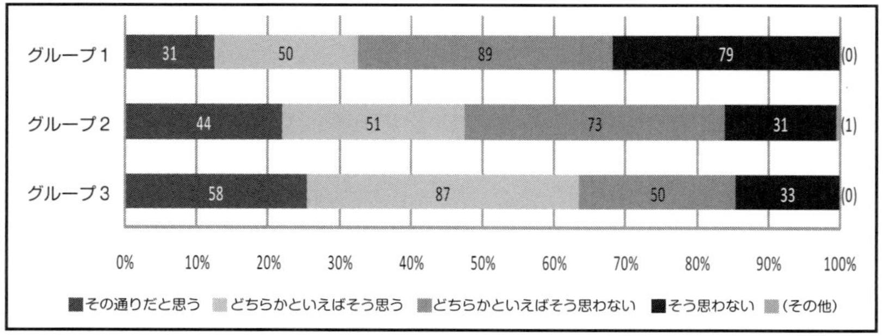

図から分かるように，項目⑤の回答状況は，3つのグループごとに大きく異なっています。肯定的な回答のグループ内での割合は，グループ3で60%に達しているのに対し，グループ2でも50%に達せず，グループ1では30%程度にとどまっています。また，グループ1の否定的な回答のうち「そう思わない」の反応率が31.7%（79人）に達しており，グループ3の14.5%（33人），グループ2の15.5%（31人）を大きく上回っているのです。

この結果から，教師は指導経験を積み重ねれば，自然に数学的活動を通した指導に熟達し，納得のいく授業ができるようになると考えることもできるでしょう。でも，指導経験が20年までの教師でさえ，手応えを感じている人が半数に満たないとすれば楽観はできません。教師が数学的活動を通した指導に手応えを感じ，自信をもって実践に取り入れることができるようにする必要があります。特に，現在，全国的にその割合が増えている指導経験の浅い教師への対応が重要になりそうです。また，教師の大量退職が現在進行中であることを考えると，豊かな指導経験を有し，数学的活動を通した指導についても力量の高い教師の指導に関する知恵が失われる前に，次代へ引き継ぐための積極的な努力を急ぐ必要がありそうです。

4　数学的活動を通した指導の課題

こうした教師の指導経験年数による回答状況の違いは，項目⑤に限ったことなのでしょうか。あなたは，他にも同様の傾向が見られる質問項目があると思いますか。

他の質問項目についても，同様の傾向が現れているのかどうか気になったので，項目⑤と同様に，データを教師の指導経験年数を基準にした3グループに分け，改めて調査結果を分析し直してみました。その結果，項目⑪と⑫についてだけ，教師の指導経験年数を基準にした3グループ間の回答の傾向に違いが現れました。どのような傾向が見られたのかというと，数学的活動を通した指導を実施するための準備や指導そのものに関わる負担感は，グループ1とグループ2で共に6割を超えており，指導経験と共に暫時軽減されているわけではありませんでした。一方で，グループ3では，その割合が３割を切っていて，グループ１とグループ２の半分以下に減少しており，負担感が大きく軽減されていたのです。なぜ，グループ３に属する教師の多くが，項目⑪や⑫に関する課題を回避できるのかは今回の調査結果だけからでは分かりませんが，項目⑤の場合と同じように，指導経験が21年を超えた教師が，そのための指導上の知恵を身に付けているのだとすれば，彼らを引き継ぐ次の世代の教師にそれを伝える方法を明らかにすることは喫緊の課題と言えます。文部科学省が2018年３月に発表した「平成28年度学校教員統計調査」によると，全国の中学校の教師のうち，50歳以上の割合は36.9%で年々上昇する傾向が続いています。この世代の教師が，今後10数年で学校現場を去ることをしっかり受けとめる必要があります。

5　今，数学的活動に必要なこと

この調査結果から，教師の数学的活動に対する意識や取組について，あなたはどんなことを感じましたか。

今回の調査からは，調査対象に偏りはあるものの，数学的活動を通した指導の必要性や意味の理解が，教師の間に浸透すると共に，その効果についても期待が寄せられている実態が明らかになりました。また，ある程度の頻度で実践に取り入れている教師が相当数いて，日頃の指導の見直しも進められているようです。さらに，数学的活動を通した指導をもっと充実させたいと考えている教師も少なくないことも分かりました。こうした傾向は，学習指導要領に数学的活動が登場して以来20年の歳月の間に，中学校で数学の指導に取り組む教師の努力を通じて培われてきたものと考えられます。

しかしその反面，数学的活動を通した指導に手応えを感じることができている教師は少なく，未だにその効果を実感できる授業づくりとして定着しているとは言えない状況も垣間見えます。さらに，授業の準備や実践に要する時間が足枷となって，数学的活動を通した指導を普段の授業に取り入れることを躊躇している傾向もうかがわれます。私が個人的な経験から，数学的活動を通した指導は，「一部の教師」が「特別な授業」として行っていると感じたことの背景には，こうした現状があると考えられます。教師の数学的活動に対する期待や真摯な取組が，指導に手応えの感じられないことや実施上の負担感を理由に衰退してしまう前に，何らかの方策を講じて「もっと数学的活動を！」の機運を高めていく必要があるのではないでしょうか。「より多くの教師」が，「普段の授業」で数学的活動を通した指導を実現できるようにすることが，これからの数学的活動の「継承」，「敷衍」，「質の向上」の実現の前提になると考えられるのです。理想を追い求める前に，まず足下を確かなものにする必要があります。

第3章 数学的活動の普及促進に向けて

「より多くの教師」が,「普段の授業」で数学的活動を通した指導に取り組めるようにするためには，教師と授業の裾野を拡げること，別な言い方をすれば，数学的活動の普及促進が重要です。そこで，ここからは，これまであまり数学的活動を意識して授業をしてこなかった教師や，これから数学的活動と向き合おうとする教師へ向けた「もっと数学的活動を！」のメッセージを込め，これからの数学的活動を通した授業づくりについて考えてみたいと思います。

1 数学的活動とは何か

1 問題解決の授業の背筋を伸ばす

あなたは，問題解決の授業と数学的活動の関係をどのように捉えていますか。

問題解決の授業は，すでに算数・数学科の指導に広く浸透しています。中教審答申にも,「算数・数学を学ぶことは，問題解決の喜びを感得し，人生をより豊かに生きることに寄与するものと考えられる」という指摘があり，問題解決を重視しています。数学的活動も，基本的には問題解決の授業です。新学習指導要領の解説では,「数学的活動は，基本的に問題解決の形で行われる」と明記した上で,「数学の学習では，主体的に問題発見・解決の過程を遂行すること，そして，これを振り返って言語としての数学で表現し，意見の交流や議論などを通して吟味を重ね，更に洗練させていくことが大切であり，ここに数学的活動の教育的意義がある」とし，問題解決の授業としての数学的活動の重要性を示しています。「でも，それなら，わざわざ『数学的活動』など持ち出さず，問題解決の授業で十分なのでは？」と言われそうですね。結論を先に言うと，教師にとって数学的活動とは，問題解決の授業の背筋を伸ばすための指導の視点を与えるものです。別な言い方をすれば，問題解決の授業には姿勢が悪い，つまり，本来在るべき姿からすると少なからず変質しているものが増えているのではないか…という危機感への指導を通しての対応なのです。第１章で述べたように，数学的活動が「楽しさ」と共に学習指導要領に登場したことを思い出してください。このことは,「考えることの楽しさ」を大切にするという視点から問題解決の授業の在り方を見直して欲しいという教師に対する提案であったと考えることができます。

ところが最近は，それ以外にも「姿勢の悪さ」が気になるようになってきました。あなたは問題解決の授業を参観して,「ちょっとおかしいな…」と感じたことはありませんか。例えば，グループワークの場面などを設定することを重視した形式優先の授業がそれです。問題解決の場面になると「グループで考えましょう」という教師の一言と共にグループごとの話し合いが促され，以後の授業時間の多くをこれに費やすというのが典型的な展開です。「問題の提示→グループでの話し合い→各グループの発表」という授業スタイルが最初に決まっていて，後から指導内容をそこに流し込んでいくような授業とも言えます。料理に例えると，器を先に決めておいて，和食，洋食，中華など料理の内容にはお構いなく盛り付けをしてしまう感じでしょうか。参観していると，「そこはもっと個人で考えさせては…」とか「結局教師主導でまとめてしまうなら，あの話し合いは何だったんだろう…」などと残念感が募ることもしばしばです。また，話し合いや発表などをすること自体が目的化した授業も，変質した問題解決の授業の一例です。上の授業スタイルで言うと，授業の終盤，問題の解決に向けて各グループが話し合った内容を発表した際などに，教師が「今日はみんな一生懸命話し合ってくれてよかったよ」とか「頑張って発表してくれて素晴らしかったです」などと賞賛します。そのこと自体は悪いことではありませんが，そこで授業が終わってしまうことが少なくないのでがっかりです。本来教師が指摘すべきは，子どもが話し合ったり発表したりした内容です。「どのグループの説明が最もよかったのか，それはなぜなのか」とか「このグループの説明はこういう部分が足りなかった」とか，子どもの考えたこと自体を比較し改善したいのに，話し合ったり発表したりした活動自体が授業の目的になってしまうのです。

どうでしょう，あなた自身の授業や，あなたが参観した授業に，思い当たることはありませんか。数学的活動とは，こうした変質した問題解決の授業から脱却して，その本来在るべき姿を取り戻し，数学的に考える資質・能力を育む実質的な授業にするための視点を与えようとするものなのです。

2 問題解決の授業再考

では，問題解決の授業の本来在るべき姿って，何でしょうか。そもそも，あなたにとって，問題解決の授業ってどんな授業ですか。

もし，あなたが「問題解決の授業＝問題を解決する授業」と理解しているなら，大きな勘違いをしているかもしれません。少なくとも，問題解決の授業の目的が，問題を解決することにあるわけではありません。

当然のことですが，授業には必ず指導の目標がありますね。指導案を書いても書かなくても，研究授業であっても普段の授業であっても，本時の目標は必ず存在し，指導を通じてそれを実現することが教師のミッションです。もちろん本時の目標が完全に実現されることは多くないかもしれませんが，その実現のために知恵を絞るのが教師の仕事と言えます。問題解決の授業は，問題を解決することを通してこの目標を実現することを目指す授業です。教師が指導の目標を実現するための知恵として，子どもの問題を解決する活動を利用すると言ってもよいでしょう。従って「問題よりも目標先にありき」が授業づくりの原則のはずですが，どうも「目標よりも問題先にありき」の授業が増える傾向にあるのではないか…問題解決の授業の変質は，こうした部分にもあらわれているように思えます。例えば，学力向上に向けて，全国学力・学習状況調査の「主として『活用』に関する問題」（以下，「B問題」とします）を活用した授業に取り組んでいる教師は多いと思います。ところが，教師の関心は，どうしても「B問題」で特徴的な日常生活や社会，他教科などと関連した題材そのものにとらわれがちで，「その説明ができるようにすることで，何を目指しているのか」が不明確な授業が見受けられるのです。「B問題」の活用に限らず，あなたが「この問題，おもしろそうだから，次の授業で子どもに解かせてみよう」とだけ思って実践に取り入れてしまうと，授業はその問題を解決すること自体を目的に進められることになりかねません。問題を解決することは目的ではありません。教師は指導の前に，「この問題を解決することで，子どもにどのような資質・能力を身に付けさせようとしているのか」を明確にする必要があるのです。

こうした点を踏まえて，ここでは問題解決の授業を，「授業の目標を実現するために，子どもが目的意識をもって主体的に問題の解決に取り組み，その過程で新たな知識や技能，数学的に考え表現する力などを身に付けることができるようにする授業」と位置付けることにします。そして，これを実現するために行われるのが数学的活動を通した指導です。

② 教師の指導としての数学的活動

1 子どもが活動できるようにする

数学的活動を通して，問題解決の授業の本来在るべき姿を取り戻すには，どうすればよいと思いますか。

数学的活動は問題解決の授業の背筋を伸ばすための指導の視点ですから，その視点を明らかにする必要がありますが，指導の視点を定める前提として，教師の指導として数学的活動を捉えることについて確認しておきましょう。第1章でも確認した通り，数学的活動では，子どもの学習以上に教師の指導が重要です。ここでは特に3つのポイントを取り上げたいと思います。

まず1つ目のポイントは，教師が指導を通して，子どもの活動を意図的に生み出そうとする姿勢を身に付けることです。数学的活動は，その「活動」という表現から子どもを主語にして語られることが多くなります。例えば，数学的活動をテーマにした研究授業を参観した後の協議会などでは，「○班では，こんな話し合いがされていた」とか「□□さんは，こんな考えをノートに書いていた」といった指摘をよく聞くことがありますが，こうした子どもの活動はあくまで現象です。大切なことはこうした現象が偶然発生したことなのか，教師が指導を通して意図的に生み出したことなのか…ということです。なぜなら，もしこの現象が偶然発生したことなら，参観者が自分の学校に帰って，授業でこれを再現することはまず困難です。でも，教師が指導を通して意図的に生み出したことなら，自分の数学的活動を通した指導に早速取り入れ再現できる可能性があります。そして，多くの教師がその価値を認めて自分の授業に取り入れれば，数学的活動の普及促進にもつながるかもしれないのです。教師が，指導を通して子どもの活動を意図的に生み出そうとする姿勢を身に付けることで，授業の参観の仕方自体も変わってくるはずです。

新学習指導要領が数学的活動を通して目指す「主体的・対話的で深い学び」の実現とは何かについて，中教審答申に次のような記述があります。

> …教員が教えることにしっかりと関わり，子供たちに求められる資質・能力を育むために必要な学びの在り方を絶え間なく考え，授業の工夫・改善を重ねていくことである。(49ページ)

数学的活動を通した指導で活動に取り組むのは確かに子どもですが，子どもが活動に取り組むことができるように指導するのは教師の仕事です。「活動」以外にも，最近は「アクティブ・ラーニング」や「主体的」,「協働的」などの魅力的な言葉が流行していますが，こうした言葉に惑わされて，指導自体が疎かになり，子どもの活動任せの授業になっていないでしょうか。教師が教えることにしっかりと関わり，「活動の丸投げ」にならないような授業づくりに取り組むことが数学的活動の実現には欠かせないのです。

2 型に押し込めない

数学的活動には，これまでにない特別な指導法があると思いますか。特定の指導の型をつくらないと，数学的活動にはならないのでしょうか。

2つ目のポイントは，数学的活動を型に押し込めないということです。これについては1-1でも触れましたが，「1時間の授業の中に必ずグループワークの場面を設けなければならない」といった授業スタイルはその例です。私自身，ある研修会で，若い先生から「数学的活動のやり方を教えてください」と言われて驚いたことがあります。少し話をしてみると，どうも「数学的活動には従来の授業とは違った独自のマニュアルがあるはずだ」と考えているような印象でした。「アクティブ・ラーニング」の流行以降，これまでにない指導方法や指導形態を取り入れることで，その実現を目指そうとする授業が増えているのも同根ではないでしょうか。もちろん，授業には「必ずなければならない構成要素」という意味での型は存在しています。例えば，これも1-2で触れた，本時の目標やそれを実現するための指導の工夫は授業にとって不可欠な要素です。しかし，その指導をある方法やスタイルに固定することで数学的活動を実現しようとしているわけではありません。その意味で，中教審答申の次の指摘は大変重要です。

> 「主体的・対話的で深い学び」の実現とは，特定の指導方法のことでも，学校教育における教員の意図性を否定することでもない。（49ページ）

ここで「教員の意図性」とは，教師が指導を創意工夫することですね。授業は，そこに参加する子どもを最もよく知る教師によるオーダーメードが前提です。「教師の意図性」こそが子どものよりよい学びを生み出すはずです。「数学的活動はこういう型やスタイルで展開しなければいけない」などと決めた瞬間，その過程で行われる活動は多様性を失い，活力を喪失し，成果として得られる資質・能力にも期待はできなくなってしまうのではないでしょうか。

3 誰でも取り組む内容で

あなたは，数学的活動のために，これまでとは違った特別な内容やこれまでになかった教材を準備しなければいけないと思っていませんか。

３つ目のポイントは，マニアックな内容や展開を追究し過ぎないことです。第２章でも触れましたが，現状，「一部の教師」が「特別な授業」として行っている数学的活動には，「より多くの教師」が，「普段の授業」として実践して行くことを考えると，マニアックなもの…つまり，力の入り過ぎている授業が少なくないのです。例えば，新たな素材を見つけ出してオリジナルの教材を開発するとか，授業の展開を２時間続きの構成にするといったようなことがこれに当たります。このことは，２-２で教師が指導を創意工夫することの重要性を指摘したことに矛盾するようですが，数学的活動の普及促進を目指す上では，逆に大きな障害になる可能性があるのです。第２章で示した数学的活動に関する意識調査の結果を思い出してください。授業の準備や実践に要する時間が足枷となって，数学的活動を通した指導を日々の授業に取り入れることを躊躇する傾向が，これから授業で頑張ってもらいたい若手や中堅の教師にみられるのです。

誤解のないように確認しておきますが，数学的活動に熱意のある教師が教材研究を深め，新たな教材を開発したり，授業の展開を工夫したりすること自体は，教師の力量を高めると共に，数学的活動の質を高めていく上で大切なことです。でも，これから数学的活動に取り組もうとする教師がその実践を観て，「その教材，自分は取り扱わないから…」とか，「そんなふうに授業時間は確保できないから…」と受けとめてしまえば，「より多くの教師」による「普段の授業」としての数学的活動には結び付かなくなってしまいます。

そもそも数学的活動は，新学習指導要領の教科目標に示された数学的に考える資質・能力の育成を目指しているのでしたね。だとすれば，学習指導要領の内容に示された誰でも指導する内容，例えば教科書に掲載されている定番教材などを対象として展開されてよい…というか，本来そうあるべきなのです。今，手近に教科書があったら，どのページでもよいですから，ちょっと開いてみてください。その内容を数学的活動を通した指導で授業にできますか？…多くの教師が，こんなふうに考え，指導を創意工夫するようになることが，数学的活動の普及促進には欠かせないのです。

第4章
数学的活動と指導の視点

ここでは，数学的活動の授業づくりに取り組む際に大切にしたい指導の視点について考えてみましょう。数学的活動は，特定の指導方法や指導形態を意図するものではありません。むしろ，指導の目標に応じて，適切な指導方法や指導形態を柔軟に選択し，授業の計画を立案する…つまり授業を構想することが教師に求められているのです。その際に重要になるのが，構想の基盤となる指導の視点です。

1 場面や段階より視点を

数学的活動を通した授業づくりに取り組むとき，あなたが大切にしていることは何ですか。「考えることの楽しさ」を生み出すために，どんな工夫をしますか。

数学的活動を通した授業の展開は，指導の目標や指導の内容，指導する子どもの学習の状況等に応じて教師によって様々，自由度が高くてよいのです。でも，その前提として，どんな数学的活動を通した授業であっても「こんな視点から，どんな指導をするべきかを考えてもらいたい」という指導の視点，謂わば「数学的活動の最小公倍数」と言えるものを意識して欲しいのです。これをまとめたのが，次ページの図に示した6つの視点です。この図を見た方から「曼荼羅のようですね」などと言われることがありますが，見た目の奇抜さを狙ってこのような形にまとめてあるわけではありません。ポイントは「場面や段階より視点を」です。問題解決の授業では，子どもの活動の内容を想定した場面や段階の順序や組み合わせを考えて授業づくりに取り組むことがよくあります。例えば，「最初に問題設定の場面を設け，次に個人解決の場面を設けて…」とか「グループごとの発表の段階を設け，それが終わったらまとめの段階に入り…」のようにするわけです。しかし，この考え方で授業づくりに取り組む際には2つの点で注意が必要です。

1つは，第3章でも確認した通り，こうした発想が，授業を型に押し込めることに向かいがちであるということです。仮に問題解決の授業では，「個別に解決→全体で話し合い→まとめ」という場面や段階の流れを基にして授業づくりに取り組むことに決めたとしましょう。授業がいつもこの流れにうまく当てはまればよいのですが，指導する内容によっては「全体で話し合い」をした後にもう一度「個別の解決」に戻って，再度「全体で話し合い」をしたいということもあるでしょう。でも，問題解決の授業では上のような型で展開すると決めたので，こうした流れの授業は諦め，型に当てはめる…というようなことになっては本末転倒でしょう。

もう1つは，場面や段階の設定とその流ればかりに目が行って，そこで教師がどのように指導するのかや，なぜそのように指導するのかについて考えることが疎かになりやすいということです。上述

〇子どもの「やらされ感」を軽減して問題を設定することができるようにする指導とは？
〇「なぜだろう？」と疑問をもたせる指導とは？
〇「もしかしたら」と予想させる指導とは？

＜具体的な指導として＞
例）問題を設定するまでの流れを工夫する。
①不思議さや疑問を感じさせる課題を示す。
②「予想する」,「選択する」,「間違い探しをする」ことなどでポイントを明らかにする。
③全体で取り組む問題を設定する。

＜留意点＞
問題は，目標の実現に結びついているか？
【対応】
問題の解決過程で子どもが何を学び何を経験するのかを明確にし，目標との関係を明らかにする。

〇この授業の目標の実現に有効か？
〇「楽しさ」の具体化はどこに意図されているか？

＜留意点＞
各視点のどこでどのように具体化しようとしているのか明らかになっているか？
【対応】
各視点の該当箇所と期待される効果を明確にする。

〇解決の過程が「活動の丸投げ」にならないようにする指導とは？
〇多くの子どもが解決に取り組めるようにする指導とは？

＜具体的な指導として＞
例1）方針を立てる。
例2）類題を解決する。
例3）ステップを設ける。
例4）解決できない子どもを集める。
例5）自力での解決よりも，その方法を理解できるようにする。

＜留意点＞
子どもの学びの状況に対応できるか？
【対応】
具体的な指導のバラエティを増やし，状況に応じて使い分けたり組み合わせたりする。

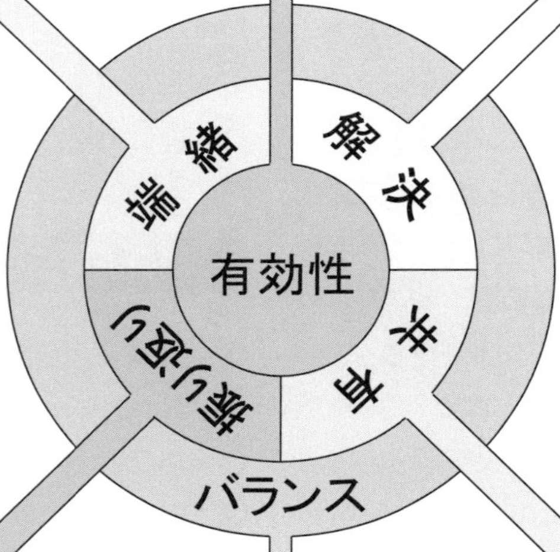

〇「なぜ解決できたのか？」を考えさせる指導とは？
〇「活かせるか？」を確かめさせる指導とは？
〇「それならば…」と発展させる指導とは？

＜具体的な指導として＞
例1）なぜ問題を解決できたのか(解決のツボ)，その発想はどこから導かれたのか(ツボの出所)を確認する。
例2）別の問題に適用する。
例3）問題を発展的に捉え，新たな活動の端緒をつかむ。

＜留意点＞
振り返った結果に，質の高い内容知や汎用性の高い方法知が意図されているか？
【対応】
あらかじめ授業の目標と問題から，振り返る内容を定めて授業をつくる。

〇1授業時間で指導する場合，4つの視点が無理なく適切に位置付けられているか？
〇複数の授業時間にまたがる場合，連続性を保つ工夫がなされているか？

＜留意点＞
1授業時間の数学的活動に適した内容とは？
【対応】
各学年・領域から指導内容を探し出す。

〇単なる答え合わせに終わらないための指導とは？
〇「もっとよくしよう！」という見方で，解決の過程や結果の質を高める指導とは？

＜具体的な指導として＞
例1）異なる解答を比較検討する。
例2）同じ解答の異なる解決方法を比較検討する。
例3）同じ解決方法の異なる表現を比較検討する。
例4）不完全な解決方法や解答を改善する。

＜留意点＞
子どもの多様な説明や考え方を尊重するあまり，拡散したままの展開になっていないか？
【対応】
子どもに求める説明や考え方を事前に明らかにする。
解決の視点から机間指導する際などに，的確に情報を収集しておく。

したような場面や段階の流れを基にして授業づくりに取り組むことに決めると，そこでの子どもの活動の姿ばかり思い描いて，なぜその場面が必要なのか，その場面で教師はどんな指導をするべきなのかなどの追究が忘れられてしまうのです。

ここでは，数学的活動を，子どもの活動を思い描いた場面や段階の流れに基づいて構想するのではなく，教師の指導の視点を明確にし，これに基づいて構想しながら，授業の構成自体には自由度をもたせることを意図して前ページの図を作成しました。つまり，6つの視点はあくまで「こんな視点から，どんな指導をするかを考えてもらいたい」という指導の最小公倍数であって，その順序や組み合わせ方を指定しないことで，一人一人の教師が自らの創意工夫を活かすことができるようにしています。

では次に，図に示した6つの視点のそれぞれについて考えてみましょう。

② 6つの視点

1 端緒

あなたは，数学的活動を通した指導で，問題を提示するとき，どのようなことに気を付けていますか。

数学的活動も問題解決の授業ですから，その授業で解決すべき問題を教師が子どもに示すことになりますが，問題を提示することが目的になって，なぜその問題を解決するのかについての指導が疎かになっていないでしょうか。教師にとっては「今日の授業では，この問題を解決しましょう」は至極当たり前の発言に思えても，子どもにとっては「えっ，どうしてこの問題を解決するの？」という受けとめになっていないか…ということです。数学的活動は，子どもが目的意識をもって主体的に取り組む数学に関わりのある様々な営みのことでした。この「目的意識をもって主体的」であるとは，一言で言えば，子どもにとって「やらされ感が薄い」ということです。誰にやらされているわけでもなく，自分がしたいからしている…だから，その過程で，または結果に「考えることの楽しさ」を実感することができるわけです。ただし，この「やらされ感」は決してゼロにはならないということにも注意が必要です。理由は簡単で，そもそも授業自体が壮大なやらせだからです。教師は授業の中で子どもに対して「どうしてだろう，不思議だね」とか「困ったね，どうすればよいだろう」などと語りかけることがよくありますが，実はちゃんと答えを知っていて，不思議でも困ってもいないわけで，ある意味大嘘つきです。でも，知らないふりをする演出で，子どもの考えを深めていく…その適度な「やらせ」が優れた指導につながります。しかし，そのバランスが悪いと，子どもにとっては唐突で「やらされ感」強すぎな授業になってしまいます。

では，「やらされ感」を軽減するにはどんな指導が必要なのでしょうか。例えば，「なぜだろう？」という子どもの疑問を呼び覚ますことが考えられます。人は疑問を感じると，その理由が知りたくなるものです。また，「もしかしたら…」と子どもの予想を引き出すことも考えられます。人は予想を立てると，それが正しいかどうか確かめたくなるものです。

こうした点に注意すると，教師が問題を提示する際には，例えば次の①〜③のような指導が考えられそうです。

①まず，教師が子どもに，不思議さや疑問を感じさせる課題を示します。例えば，第３学年の文字式の利用でよく取り上げられる「簡便算（速算術）」で，教師が子どもと計算競争をするけれど，何度やっても教師が勝ち続けると「どうして先生はあんなに速く計算できるんだろう？」という子どもの不思議さが募りますね。

②次に，子どもに「予想する」「選択する」「間違い探しをする」ことなどを求め，感じた不思議さや疑問のポイントを明らかにします。上の「簡便算（速算術）」の例なら，いくつかの計算式と計算結果から，「先生は，…のようにして暗算しているのではないか」と予想を導くことになります。

③そして，全体で取り組む問題を設定します。「簡便算（速算術）」の例なら，子どもが予想したことを基に，教師が「それって，いつでも言えること？」と問い返すことで，一般性の保証が必要であることを指摘し，この授業で解決すべき問題を設定するわけです。

①〜③はあくまで指導例です。他にも方法はいろいろ考えられます。大切なことは，教師が問題をいきなり天下り式に与えて，子どもの「やらされ感」を高めることを回避し，考えることの必然性を生み出すにはどうすればよいかという視点から授業づくりを考えることです。問題解決の授業の導入の場面や段階は，「問題提示」や「問題把握」と表現されることが多いですが，問題を提示することや把握させること以上に，問題を考えることの必然性を与え，子どもが目的意識をもって主体的に問題の解決に取り組むことができるようにすることが必要です。そのための視点を「端緒」と呼ぶことにします。端緒とは，物事の始まりやいとぐち，きっかけなどを意味します。子どもが目的意識をもって主体的に問題の解決に取り組むためのきっかけをしっかりつかめるような指導を教師がしているかどうかをチェックするための視点です。

端緒の視点からは，取り上げる問題が，設定した指導の目標の実現に結び付いているかどうかにも注意することが重要です。数学的活動を通した指導は，指導の目標の実現のために行われるのでしたね。そのためには，その問題の解決過程で子どもが何を学び何を経験することができるのかを明確にし，目標と問題との関係を明らかにしておく必要があります。

2　解決

あなたは，数学的活動を通した指導で，子どもが問題の解決に取り組んでいるとき，どのような指導をすることができますか。

数学的活動も問題解決の授業ですから，子どもは問題の解決に取り組むことになります。個別に，ペアで，グループをつくって…と，その学習形態は様々ですが，子どもの学習形態がどう変わっても，教師の指導は必ず存在しています。そこでどんな指導ができるかをチェックするのが「解決」の視点です。最も警戒したいのは，教師から子どもへの「活動の丸投げ」にならないようにすることです。第１章でも触れたように，活動するのは子どもですが，活動できるように指導するのは教師の仕事です。端緒の視点から確定した解決すべき問題について，教師の仕事は子どもに対する「考えてみよう」の一言だけで，後は子どもにお任せ…というようなことになっていないでしょうか。学習指導案だと「机間指導」と書かれている場合が多いですね。でも，机間指導ってどういう指導なのでしょうか。ただ何となく教室内をブラブラしている…というようなことはないでしょうか。「机間指導は臨機応変，その場の子どもの学習の状況に応じるのだからアドリブ中心で対応すればよい」という意見もありますが，あなたはどう思いますか。できるだけ多くの子どもが問題の解決に取り組めるようにする方法を事前に想定しておくことこそ，本来あるべき教師の指導ではないでしょうか。

解決の視点から，教師はどのような指導ができるのでしょうか。いくつか例をあげてみましょう。

例１　方針を立てる

子どもが問題の解決を始める前に，教師の指導を基に，「どうすればこの問題を解決することができそうか」を学級全体で検討します。小学校算数科では「子どもに見通しをもたせる」といった表現で以前から授業に取り入れられていましたが，中学校数学科でも，図形の性質の証明の指導などを中心に取り入れられるようになってきました。教師が「証明してみよう」と言っても，証明が手につかない子どもは少なくないですよね。だったら，「どうすれば証明できそうか」をしっかり指導しておこうという考え方です。どのような方針を立ててから子どもに解決を任せるのかは，指導する内容や子どもの学習の状況に応じて教師が判断する必要があります。全国学力・学習状況調査の「Ｂ問題」では，問題の仮定から分かっていることを整理して考える総合的な思考と，結論から逆向きに考える解析的な思考を組み合わせて方針を立てることが紹介されています。

例２　類題を解決する

例１と同じように子どもが本時の問題の解決に取り組む前に，教師の指導を基に，学級全体で本時の問題の類題を解決します。問題解決を２回繰り返すように見えますが，類題については教師の指導にウェイトを置き，本時の問題については子どもの活動を中心にして授業を展開します。類題の解決方法や大切なアイデアを教師が中心になって指導し，それを子どもが本時の問題の解決に活かせるようにしようという考え方です。重要なのは，本時の問題と類題の関係です。両者があまりに近すぎると本時の問題を改めて解く必要がなくなってしまいますし，あまりに遠すぎると本時の問題の解決に役立てることができません。どのような類題で何をどの程度指導しておくかは，指導する内容や子どもの学習の状況に応じて教師が判断する必要があります。

例３　ステップを設ける

最初は子どもに解決させたい問題の全容を示さずに，条件を緩めた問題から取り上げて，少しずつ条件を追加したり，単純な場合に置き換えた問題から取り上げ，徐々に本時の問題に近付けたりしていく指導です。子どもにひたすら考えさせ続けるのではなく，教師の指導を子どもの活動の間に適宜挟み，子どもの学習の状況をつかみながら授業を進めていくことになります。解決の視点と，次に紹介する共有の視点からの授業づくりを何回か繰り返すということでもあります。どのようなステップを設けるのかやどの程度の指導を挟むのかは，指導する内容や子どもの学習の状況に応じて教師が判断する必要があります。

例４　解決できない子どもを集める

子どもが問題の解決に取り組む過程で，自力では解決できない子どもを対象にした指導です。もちろん，机間指導しながら一人一人対応してもよいのですが，該当する子ども全員に対応するのは，時間の制約もあってなかなか難しいですね。そこで，「解決できそうでなかったり，途中で困ったりしている人は先生の周りに集まって！」などと声を掛けて，教卓や教師用の机の周りに子どもを集めます。集まった子どもの前で，教師は独り言をつぶやきながら問題を解決していきます。子どもとは事前にルールを決めておき，教師の解決の様子を見て（聞いて），分かったと思ったら自分の席に戻って自力解決に取り組むことにします。もちろん，最後まで教師の解決の様子を見て（聞いて）から，自分の席に戻ってそれをノートに再現してもよいことにします。重要なのは一人つぶやきながら問題の解決に取り組む教師のパフォーマンスです。何をどのような順序でつぶやきながら問題解決の方法を子どもに伝えることで，子どもの気付きを引き出そうとするのかは，指導する内容や子どもの学習の状況に応じて教師が判断する必要があります。

こうした解決の視点からの指導の工夫は，特別なものではありませんし，他にもいろいろな方法が考えられます。例えば，ただブラブラ歩き回るだけの机間指導からの脱却を図るため，これまでの子どもの学習の状況を基に，本時の問題に対する子どもの解決の様子を事前に予想し，いくつかのタイプに分類しておくのも１つの方法です。これによって，それぞれの子どもに応じた声掛けの仕方などの対応を事前に決めておくことができれば，実際に机間指導をする際の的確な指導に活かすことができるのではないでしょうか。

大切にしたいことは，どのような指導をする場合でも，その方法だけに固執しないことです。子どもの活動をサポートできる指導のアイテムを増やし，バラエティを豊かにすることで，指導する内容や子どもの学びの状況に応じて使い分けたり組み合わせたりできるようにしたいのです。さて，解決の視点からの指導の工夫として，あなたは何種類ぐらいの指導のアイテムを身に付けていますか。

例５　自力での解決よりも，その方法を理解できるようにする

最後に，これまでとは少し違った解決の視点からの指導の工夫を紹介しておきましょう。ここまでに取り上げた指導の工夫は，いずれも「できるだけ多くの子どもが問題を解決できること」を目的とするものです。でも，教師がこのことにこだわりすぎると子どもの活動の時間がどんどん長くなって，授業が時間内に収まらなくなる…という経験をした教師は少なくないはずです。だったら思い切って「多くの子どもが問題を解決できること」を求めないことにしたらどうでしょうか。「解決の視点からの指導の工夫なのに，問題を解決できなくてもいいの？」と言われそうですが，子どもが問題の解決の仕方を方法知として理解し，それを活かすことができるように指導することは，十分問題解決の授業なのではないでしょうか。

この場合，解決の視点からの指導では，机間指導で事前に想定した解決に取り組んでいる子どもがいることを確認した時点で，子どもの活動をストップします。そして，次に紹介する「共有」の視点からの指導で，自力解決できなかった子どもについても方法知として，問題解決の方法の理解を深められるようにし，「振り返り」の視点からの指導で，それを活用し，今度は自力で問題の解決に取り組めるようにします。

そもそも，あなたが数学をどうやって学んできたのかを思い出してみてください。自力で問題を解決することで身に付けた資質・能力と言えるものはどのくらいありますか。現実には，知識として理解した問題解決の方法，つまり方法知を活用していることの方が多いのではないでしょうか。少なくとも私は，「なるほど，そうやって問題を解決すればいいんだな」と理解しながら学んできたことがほとんどのような気がしますが，あなたはどうですか。それでもあなたは「考えることの楽しさ」を実感することを経験できたのではないでしょうか。

3　共有

子どもが個別に，またはグループなどで問題の解決に取り組んだ成果を全体で共有するために，あなたはどのような指導をしますか。子どもに発表をさせて「はい，拍手！」に終始していませんか。

本時の問題の解決について，学級全体で情報を共有することは大変重要です。でも，単なる答え合わせだけでよいでしょうか。「もっとよくしよう！」という見方で，解決の過程や解決の結果の質を高める指導になっているかどうかをチェックするのが「共有」の視点です。まず気を付けたいのは，共有の視点からの指導を考えるためには，教師が問題の解決を通して子どもに何を求めるのかを明らかにしておくことが必要であるということです。文字式の計算や方程式の解法など答えを求めることが目標の授業であれば，教師が正答を覚えておくことで，子どもの解答の正誤を容易に判断することができますね。では，思考力・判断力・表現力等の育成を目指した「～を説明することができる」が目標の授業だったらどうでしょう。子どもからは様々な説明が出てくる可能性があるわけですが，それを的確に評価するためには，問題の解決を通して子どもに何を求めるのかを教師があらかじめ明らかにしておく…つまり説明の模範解答を明確にしておく必要があります。この際に役に立つのが，全国学力・学習状況調査の「B問題」の子どもが記述で解答する問題を採点するために用いられている「正答の条件」です。子どもがどのような説明をするかは千差万別，予測することはなかなか困難ですが，子どもの説明に含まれていなければならない正答の条件を明確にすることで，子どもがどのような説明をしても，その適否を判断できるようにしようというわけです。

こうしたことを前提として，共有の視点から，教師はどのような指導ができるでしょうか。子どもに説明を求める場面を例にして考えてみましょう。

例１　異なる解答を比較検討する

異なる解答を導いている説明を取り上げ，比較検討することで，それぞれの説明のよい点を見つけたり，誤りを正したりする指導です。解答が異なるということは，子どもの誤った説明を取り上げることになる可能性が大きいので配慮が必要です。その意味で，子どもが「どこが間違っているのか」だけでなく「どうすれば正しい説明になるのか」という観点から検討して，問題解決の方法のポイントを明らかにすることができれば，説明することができるようにする上で有効な指導になり得ます。

例２　同じ解答の異なる解決方法を比較検討する

同じ解答を導いていても，異なる解決方法を用いている説明を取り上げ，比較検討することで，それぞれの説明のよい点を見つけたり，誤りを正したりする指導です。昔から「解き方いろいろ」などと呼ばれ，子どもの多様な考え方を引き出す授業は今でもよく行われています。でも，子どもからいろいろな意見が出てくると，授業自体は盛り上がりますが，教師の指導がしっかりしていないと収拾がつかなくなり，発散したまま授業が終わることもしばしばです。そんな混乱を避けるため，小学校の算数の授業では，教師と子どもとの間で，「はかせどん」などの合い言葉を決めていることがあります。「は＝速くできるのは？」「か＝簡単なのは？」「せ＝正確なのは？」「どん＝どんなときでも使えるのは？」のように，説明を評価する観点をあらかじめ設定しておくわけです。評価する観点はこれに限らず，他にもいろいろ考えられそうですね。評価する観点を明確にすることで，子どもが質の高い説明をできるようにするという指導は，中学校の数学の授業でも活かせるのではないでしょうか。

例３　同じ解決方法の異なる表現を比較検討する

同じ解決方法を用いていても，異なる表現になっている説明を取り上げ，比較検討することで，説明の質を高めようとする指導です。例えば，文字式を用いた説明や図形の証明の指導であれば，同じ結論を同じ方法で導いている説明や証明を「より分かりやすい説明とは」という観点から比べることが考えられます。これによって，「回りくどい」とか「言葉が足りない」といった修正点を明らかにしていくことができます。説明はできればよいわけではなく，相手に伝わってこそ意味がありますね。こうした観点から，子どもの目をより質の高い説明に向けさせる指導も大切です。

例４　不完全な解決方法や解答を改善する

ここまでに示した３つの例は，いずれも比較することを重視した指導でした。これとは少し違い，子どもや教師の不完全な説明をあえて取り上げ，全体でその改善を図ることで，よりよい説明にブラッシュアップする指導も考えられます。「不完全」とは誤っているということではなく，教師が事前に想定した模範解答からすると不十分ということです。子どもに自由に指摘をさせてもよいでしょうが，説明を読んだ教師が，わざと誤った解釈をしてみせるなどして，説明のどの部分がどのように不十分なのかを子どもたちに気付かせる指導も考えられます。大切なことは，説明の不完全さを指摘することが目的ではなく，不完全な説明を，既習事項などを活かして質の高い説明に改善していくことが目的であることを教師が指導を通して明確にすることです。

教師が，共有の視点から上述したような指導を行う際には，子どもが自分の思考の過程を評価・改善できるようにすることも大切です。「できたこと」だけでなく「できなかったこと」を活かし，子どもに「なぜできなかったのか」を考えさせる指導と言ってもよいでしょう。自力で問題を解決できなかった子どもが，仲間と問題の解決方法を共有することで，「～に気付かなかったから答えが出せなかった」とか「～のところで間違えたから結論を導けなかった」のように，自分の失敗の原因をつかむための機会を設けます。最初はできなくても，失敗の原因をしっかりつかみ，次の学習に活かすことができれば，それはまさしく学習の大きな成果です。そのためにも，子どもができなかったことも自由に言える雰囲気をつくることを日頃の授業から大切にしたいですね。

共有の視点から指導する際に注意したいのは，前述したように，子どもの多様な説明や考え方を尊重するあまり，授業が拡散したままま終わってしまうことです。こうした展開を避けるためには，これも前述した通り，教師が，子どもに求める説明や考え方を事前に明確にしておき，子どもがそれに迫ることのできるよう指導を工夫することです。また，解決の視点から机間指導する際に，全体で取り上げたい子どもの考えを見いだしておくなど，共有の視点からの指導で活かすことのできる情報を解決の視点からの指導で的確に収集しておくことも欠かせません。

4 振り返り

子どもが本時の問題を解決できた後，あなたが指導すべきことは何ですか。「今日の授業の感想」を書かせる以外にすることはないでしょうか。

数学は，問題を発見して解決し，それらを振り返りながら，さらに考え続けることで発展してきました。授業における振り返りとは，単なる復習や自己評価のことではありません。解決した問題を基にして既習事項を生み出すと共に，次の学びへの基盤を固め，新たな「考えることの楽しさ」につながるきっかけをつかむ機会です。その機会をうまくつくり出すことができているかどうかをチェックするのが「振り返り」の視点です。

振り返りの視点から，教師はどのような指導ができるのでしょうか。いくつか例をあげてみましょう。

例１　なぜ問題を解決できたのかを確認する

本時の問題をなぜ解決できたのか，また，その発想はどこから導かれたのかを子どもが確認できるようにするための指導です。私は，前者を「解決のツボ」，後者を「ツボの出所」と言ったりしています。この指導が一般的な本時のまとめと異なるのは，「解決のツボ」や「ツボの出所」などのラベルを貼ることで，問題解決の過程で学んだことが，今後の学びで役に立つ既習事項として汎用性をもつようにすることを重視している点です。「今日の問題がなぜ解決できたのか？」を板書を基にしながら振り返り，「今日の授業ではその考え方が『解決のツボ』だったね，これからの学習でも使えるかもしれないね」とか「この『ツボの出所』はどこだろう，前の授業のあそこで学んだことが，こんなところで使えたんだね」などと伝えることで，子どもの意識を高めることが考えられます。

例２　別の問題に適用する

今日の授業で学んだことを活かすことができるかを，子どもに確かめさせる指導です。適用問題を子どもに解かせることは，現在でも多くの授業に取り入れられていますから，特段例示する必要のある指導ではないかもしれません。でも，解決の視点からの指導で問題を自力で解決できなかった子どもが，共有の視点からの指導で問題解決の方法を知識として身に付け，振り返りの視点からの指導でそれを活用して新たな問題を解決することができたとしたらどうでしょう。その子どもにとっては数学を学ぶことへの効力感が得られることになると共に，教師にとっては数学的活動を通した指導の１つの成果が得られたことになるのではないでしょうか。自力で問題を解決できることと，その方法を知識として身に付け活用できることは，数学的活動の成果としてどちらも同じように重要です。

例３　問題を発展的に捉え，新たな活動の端緒をつかむ

子どもが解決した問題の条件を変えるなどして新たな問題をつくり，次の数学的活動の端緒をつかむことができるようにする指導です。「発展的」などというと，上級学年の内容を先取りしたり，難易度の高い内容に挑戦したりすることと思われそうですが，そうしたことを想定しているわけではありません。大切なことは子どもが本時の問題を基にして，「それならば，こんなことも考えられるのでは…」と発想を拡げることです。また，その結果生み出された新しい問題は，本時の問題と同じ方法で解決できるのか，また結論は本時の問題と変わらないのか…など，新たな疑問と予想を生み出すことになり，教師は端緒の視点に戻って指導をすることになります。つまり指導のサイクルが形成されるわけです。

振り返りの視点からの指導で注意したいことは，子どもが振り返ったことで，質の高い内容知や汎用性の高い方法知を身に付けることにつながっているかどうかということです。そのために，あらかじめ授業の目標とそれを実現するための問題から，振り返る内容を明らかにして授業をつくる必要があります。振り返りの視点からの指導は，本時の目標の実現に直結した指導ということもできます。

5　有効性

あなたが４つの視点から指導を構想したとして，その指導は，この授業の目標の実現に本当に必要だと言えますか。

残された２つの視点「有効性」と「バランス」は，教師が，これまでの４つの視点から構想した指導を，包括的に見直すための視点です。

あなたが構想した数学的活動を通した指導が本時の目標の実現に本当に役立つのか，子どもの学習の促進に効果を発揮するのかをチェックするのが「有効性」の視点です。例えば，子どもは活動するものの，それを差し置いて，教師の指導が優先し，結局，子どもの活動がなくても，教師の指導だけで進められる授業なのではないか…というような点をしっかり見定める必要があります。「あの視点からの，あの指導があったからこそ，本時の目標の実現に迫ることができた」そう言い切れるかどうかが試されます。

もう１つ，有効性の視点からは，「楽しさ」の具体化がどこに意図されているのかのチェックも重要です。数学的活動は「考えることの楽しさ」の実現を重視するのでした。もちろん，学級の全ての子どもが楽しめる授業の実現は不可能かもしれませんが，「子どもを楽しませてやろう」という教師の指導の工夫なくして数学的活動

は成り立ちません。ちょっとオーバーな言い方をすると，あなたの教師としての矜持を示せるかどうかが問われるのです。

6 バランス

あなたが構想した数学的活動を通した指導は，指導計画全体から見て，無理なく設定されているでしょうか。単元の指導計画に適切に位置付けられていますか。

数学的活動を通した授業では，指導に時間を要することが大きな課題になっています。第２章で紹介した調査結果からも，若手や中堅の教師を中心に，授業に要する時間の長さが足枷となって，数学的活動を通した指導を普段の授業に取り入れることを躊躇している傾向がうかがわれました。確かに研究授業を参観した際などに，指導半ばで授業終了のチャイムが鳴ってしまい，「嗚呼残念，続きは次の授業でしましょう」という教師の発言に「おいおい，次の授業は観に来られないよ」と空しい思いをした経験のある方も少なくないのではないでしょうか。４つの視点からの指導が，１授業時間の中で無理なく実現できるように適切に位置付けられているのかをチェックするのが「バランス」の視点です。気を付けてもらいたいのは，バランスの視点は，どんな指導内容でも数学的活動を通して指導する場合には，１時間の授業に押し込めなければならないと主張しているわけではないことです。指導する内容の中には，複数の授業時間をかけることで充実した数学的活動になるものも少なくありません。バランスの視点からチェックしたいのは，前述した「嗚呼残念」を避けることです。教師が１授業時間に収まらないと判断したなら，初めから複数の授業時間にまたがる数学的活動として構想すればよいのです。

ただし，複数の授業時間にまたがる数学的活動を構想する場合には，子どもの活動の連続性を保つ工夫がなされているかどうかをチェックする必要があり，これもバランスの視点の役割です。多くの教師が指摘するように，２時間にまたがる数学的活動を通した指導をする場合，２時間目の導入には教師の高い指導力が必要になります。ある教師は「２時間目の前半20分間は，１時間目の復習に使わなければならなかった」という話を聞かせてくれました。子どもの活動の連続性を保つことはそれ程容易なことではないのです。

その意味で，教師がバランスの視点からまず取り組むべきは，１授業時間の数学的活動を通した指導に適した指導内容とは何かを，各学年・領域から探し出すことではないでしょうか。第６章で紹介する数学的活動の実践事例は，そうした探究の成果です。

第５章 数学的活動の具体化と５つの提案

ここでは，前章で注目した数学的活動の６つの視点を，どうやって具体的な授業に結び付ければよいかを考えます。「６つの視点からの指導を工夫して数学的活動を構想すればよい」と言われても，何をどうすればよいか分かりませんよね。そんな，これから数学的活動と向き合おうとする教師へ向けて，５つの「やってみよう！」を提案します。

1 実践ではなく構想を

あなたが，数学的活動を通した授業づくりに取り組もうとする場合，一番よい勉強の方法は何でしょうか。

私が多くの先生に勧めてきたのは，他の優れた教師の授業を観せてもらうという方法です。子どもが「サッカー選手になりたい」と言うとき，その一番大きな理由は，お金持ちになりたいでも，有名になりたいでもなく，「あんなプレーができる選手になりたい」だそうです。子どもにとっても大人にとっても，最も強いモチベーションを生み出すのは「憧れ」ではないでしょうか。「あんな授業ができる先生になりたい」と思えた教師は伸びると言います。

しかし，教師としてのこの勉強の仕方には大きな問題があります。例えば，現在学校で数学の指導をしている教師が，優れた教師の授業を参観できる機会はそれ程多くないという現実です。あなたはこの１年間に何回ぐらい授業を参観する機会がありましたか。授業研究会に出掛けたくても，「子どもが学校にいる間は学校を離れない」という慣習は未だ健在で，働き方改革が求められる多忙感と相まって，優れた教師の授業を参観することのハードルは高い状況にあります。

また，仮に授業を観ることができても，見方が分からないと成果が期待できないことも問題の１つです。若い教師と授業参観した際などに，「素晴らしい指導だけれど，私にはまねできない」という悲観的な感想を聞くことがあります。なぜそう感じたのかを問うと，「あの子どもへの指導は偶然なされたことなのか，それともあらかじめ何らかの意図で計画的になされたことなのかが分からないから」というような回答が返ってきます。そうした指導について，学習指導案には，あったとしても極簡潔な記述しかありませんし，そもそも記述がない場合もあります。臨機応変，当意即妙なベテラン教師の指導は，若い教師にとって「神業」なのです。とてもそれをまねることは困難です。こうした傾向は，実践記録についても言えることです。記録されていることの多くは，授業中に発生した現象に関する教師の解釈であり後付けです。その教師が授業の前に何をどこまで準備して子どもの前に立ったのかはよく分かりません。でも，これから数学的活動と向き合おうとする教師が一番知りたいのはそこなのではないでしょうか。

そこで，ここではライブとしての授業実践や，事後解釈としての実践記録ではなく，指導する前に作成する授業の構想を掘り下げることを提案します。もちろん，指導前に考えることですから，その通り実践してうまく行く保証はどこにもありません。でも，実際に指導をする前に，教師が数学的活動をどこまで具体的に考え抜いたかを明らかにすることで，「こんな指導をするのは，そうした意図があるからなんだな」とか「そういう目的があるなら，こんな指導の方がよいのではないかな」のように指導の共有が可能になり，その質を高めることができるのではないかという発想です。

では，それをどうやって形にすればよいでしょうか。ここから先は，次章で紹介する数学的活動の授業デザイン例を参照しながら読み進めてください。

② 数学的活動の「見える化」を

あなたは，実際に指導する前に，指導の構想をどのくらい具体化できますか。指導後の記録としてではなく，指導前の構想として，どこまで詳しく書き込むことができるでしょうか。

数学的活動の授業デザイン例を構想するために，ここでは一般的な学習指導案のフォーマットとは異なる形式を用います。目標は，数学的活動の「見える化」です。数学的活動における教師の指導に焦点化し，その全体を共有しやすくすることで，読み手の解釈を促進し，自分なりの視点から評価・改善を進めてもらおうという試みです。具体的には，１つの事例を８ページで構想します。１ページを１枚のシートと考えてください。まず，全体の構成を紹介しましょう。

シート１

１枚目から３枚目までのシートを通称「ざっくりシート」と呼びます。数学的活動を通した指導の全体を，ざっくりつかんでもらうためのシートです。このうち１枚目は，「本時の位置付け」と「単元の指導計画」及び「本時の目標」で構成されています。このうち「本時の位置付け」は，取り上げた内容を数学的活動を通した指導として構想しようと考えた理由など，事例に関する作成者の思い入れを記述したもので，有効性の視点を中心にまとめられています。また，「単元の指導計画」には，単元における本時の位置付けを示し，数学的活動として指導した場合，無理なく実践できるかどうかをバランスの視点から確認できるようにしています。また，言わずもがなのことですが，「本時の目標」は，数学的活動の中核を成すものであり，指導を有効性の視点からチェックする際の基準になります。

シート２

２枚目の「ざっくりシート」は，端緒，解決，共有，振り返りの

４つの視点から，数学的活動を通してどのような指導をしようとしているのかのあらましをまとめた「展開の概要」で構成されています。４つの視点からの指導として，授業の全体像をつかんでもらうためのシートとも言えます。なお，４つの各視点については，４枚目から７枚目までの通称「深掘りシート」と対応しており，教師の指導については，そちらでより詳細にまとめてあります。

シート３

３枚目の「ざっくりシート」は，２枚目のシートの「展開の概要」の理解を深めてもらうためのもので，「板書計画」と「経験させたい活動」で構成されています。このうち「板書計画」については，黒板の写真で示していますが，あくまで「計画」であり，原則として記録ではなく想定です（一部，その後に実践した成果を反映させたものがあります）。２枚目の「ざっくりシート」と見比べながら読んでもらうと，授業のイメージがつかみやすくなると思います。余談ですが，指導事例を提案してくれた教師の中には，実際に黒板に板書計画を書きながら４つの視点からの指導を考えると，事例自体の流れがまとまりやすいという人もいました。

「経験させたい活動」は，６つの視点を補完する視点を与えるものとして重要です。ここで紹介する数学的活動の授業デザイン例は，１で説明した通り，実践ではなく構想としてまとめられたもので，子どもの学びがどう実現されるかより，その前提となる６つの視点からの教師の指導に注目してまとめられています。しかし，教師が授業の中でしていることは，指導ばかりではありません。まず確認ですが，授業における教師の指導とは，本時の目標に向かって子どもを教え導くことですね。つまり，指導は成果を問われ，それは目標に迫れたかどうかで判断されます。次章で紹介する授業デザイン例を作成した教師も，そのために知恵を絞っています。でも，授業の中で教師が意図的にしていることって，それだけではないですよね。本時の目標の実現には直結しないし，その授業の中では成果は見込めないかもしれないけれど，子どもに経験させたい活動を仕組んでいるのではないでしょうか。例えば，子どもが帰納的に考えて規則性を見いだし予想することは，多くの教師が，授業の様々な場面に取り入れていると思います。でも，帰納的に考えて規則性を見いだし予想する練習をして習得させる指導をしている授業は観たことがありません。むしろ，子どもはこうした経験を繰り返すことで，「こんなふうに考えると，予想を立てることができるんだな」と気付き，その予想がいつでも成り立つかどうかを考え，その結果を説明する…というように学習が進むのではないでしょうか。「経験させたい活動」は，教師の指導に注目するあまり見落とされてしまいかねないこうした子どもの活動を捉え，日々繰り返される授業の中で，その重要性を確認しようとするものです。複数の事例で繰り返し現れる活動は，それだけ子どもに経験させる価値があるということでもあります。

シート4～7

４枚目から７枚目までのシートを通称「深掘りシート」と呼びます。端緒，解決，共有，振り返りの４つの視点から，本時の目標の実現に向け，数学的活動を通してどのような指導をしようとしているのか，またそうした指導をするのはなぜなのかを，しっかり書き込むためのシートです。４枚のシートで構成しますが，必ずしも，端緒，解決，共有，振り返りの４つの視点と１対1で対応しているわけではありません。例えば，解決の視点から指導した後，共有の視点から指導し，もう一度，解決の視点から指導したい場合なども考えられますから，必要に応じて構成を変えています。次章で授業デザイン例を提案してくれた教師の多くは，１枚目の「ざっくりシート」を書いた後，この４枚の「深掘りシート」を作成することから事例の作成に取り組んでいます。次の３で詳しく説明しますが，この４枚のシートにどれくらい書き込みができるかで，数学的活動を通した指導に対する教師の力量をある程度見取ることができそうです。

シート8

８枚目のシートは，１枚目から７枚目までのシートで構想した数学的活動の指導の成果と課題を，指導した教師自身が振り返るための「実践を通して」で構成されています。端緒，解決，共有，振り返りの４つの視点から記述していますが，もちろんこの中には，有効性とバランスの視点からのチェックも含まれており，次の数学的活動の構想につながる道標となるものです。

③「どう指導するか」と「なぜそう指導するか」を

あなたは，「なぜ，そんな指導をするのですか」と問われたとき，その理由を説明することができますか。

これから数学的活動と向き合おうとする教師への３つ目の提案は，２で紹介した４枚目から７枚目までの「深掘りシート」の内容に関することです。端緒，解決，共有，振り返りの４つの視点から指導を構想する際には，必ず「どう指導するのか」と「なぜそう指導するのか」を対応させて考えるようにしてみましょう。なぜなら，「どう指導するのか」を考えることができる教師はあまた存在しますが，「なぜそう指導するのか」を明確に説明できる教師は，そう多くはいないからです。これから数学的活動と向き合おうとする教師にとって最も勉強になることは，教師のパフォーマンスそれ自体ではなく，そのパフォーマンスを裏打ちする強い意志です。授業デザイン例の読み手が，「そういうことが大切だと考えたから，こんな指導をしたんだな」を事例の語り手と共有できれば，読み手の「だったら，こんな指導の方が効果があるのではないかな」とか「そもそも，この視点からは，こんなことを考えることの方が大切なのでは」という発想を呼び覚まし，次は事例の読み手が語り手になることも可能になります。次章で紹介する事例では，４枚目から７枚目までの「深掘りシート」で，「①，②，③，…」の系列で「どう指導するか」を順に示し，「どう指導するか」のそれぞれについて，「◇」で「なぜそう指導するのか」を意味付けています。是非，各事例の「深掘りシート」をじっくり読んでみてください。そして「あなただったら，どう指導しますか？」と「あなたは，なぜそう指導するのですか？」の答えを探してみてください。

④「まねる」と「アレンジする」を

本章をここまで読んできて，「こんな指導事例，とても自分にはつくれない！」と暗い気持ちになっていませんか。

もしそうだとしたら，それは大きな誤解です。最初から，あなたにそんなことを求めるつもりは更々ありません。４つ目の提案は，次章で紹介する12の授業デザイン事例を読み解いて，あなたなりにまねしてみませんか…ということです。「まねる」は「まねぶ＝学ぶ」に由来すると言われます。先ずは先達の提案に学び，自分の数学的活動を構想してみましょう。

そっくりそのまま再現してもよいですが，必ずしもそれにこだわる必要はありません。事例を読み解きながら，自分が指導する子どもの学習の状況を思い浮かべ，彼らに相応しい事例にアレンジしてみてください。その際，「なぜそうアレンジするのか」を明確にすることが大切です。こうした取組が，あなたにとっての数学的活動の構想になるのです。

⑤まずは１単元に１時間を

「まねる」から「アレンジする」ができるようになったら，今度はあなたのオリジナルな数学的活動にチャレンジしてみませんか。

「できたらいいけど，忙しくて，とてもこんな指導事例をつくっている暇はありません」と言われそうですね。もちろんその通り。毎時間の授業について，こんなことをやっていたら，多忙感が増すばかりです。これから数学的活動と向き合おうとする教師への最後の提案は，４の「まねる」と「アレンジする」を前提にしながら，少しずつ，あなたのオリジナルな数学的活動づくりに取り組んでみませんか…ということです。

まずは，１単元に１時間の授業，無理なら１学期に１時間の授業について，数学的活動を通した指導にしてみたいと思った指導内容を決め，自分にできる指導の全てを「見える化」してみませんか。今の自分の実力を少しずつ試してみてください。そして，その実力を，子どもの「主体的・対話的で深い学び」の実現のために，さらに高めていくためにはどうすればよいのかを考えてみてください。数学的活動の一層の充実に最も必要なのは，これから数学的活動と向き合おうとするあなた自身の「主体的・対話的で深い学び」の実現なのです。

（永田潤一郎）

【参考文献・資料】

・中央教育審議会「幼稚園，小学校，中学校，高等学校及び特別支援学校の学習指導要領等の改善及び必要な方策等について（答申）」，2016年12月，http://www.mext.go.jp/b_menu/shingi/chukyo/chukyo0/toushin/__icsFiles/afieldfile/2017/01/10/1380902_0.pdf（2018年５月確認）
・教育課程審議会「幼稚園，小学校，中学校，高等学校，盲学校，聾学校及び養護学校の教育課程の基準の改善について（答申）」，1998年７月，http://www.mext.go.jp/b_menu/shingi/old_chukyo/old_katei1998_index/toushin/1310285.htm（2018年５月確認）
・文部科学省「中学校学習指導要領（平成10年12月）」，1998年12月，国立印刷局
・文部科学省「中学校学習指導要領（平成10年12月）解説　数学編」，1999年９月（2004年10月一部補訂），大阪書籍
・文部科学省「中学校学習指導要領（平成20年３月）」，2008年８月，東山書房
・文部科学省「中学校学習指導要領解説　数学編（平成20年９月）」2008年９月，教育出版
・文部科学省「学校基本調査―平成29年度結果の概要―」，2017年12月，http://www.mext.go.jp/b_menu/toukei/chousa01/kihon/kekka/k_detail/1388914.htm（2018年5月確認）
・文部科学省「中学校学習指導要領（平成29年３月）」，2018年３月，東山書房
・文部科学省「中学校学習指導要領（平成29年告示）解説　数学編」，2018年３月，日本文教出版
・文部科学省「学校教員統計調査―平成28年度（確定値）結果の概要―」，2018年３月，http://www.mext.go.jp/b_menu/toukei/chousa01/kyouin/kekka/k_detail/1395309.htm（2018年5月確認）
・永田潤一郎「数学的活動をつくる」，2012年10月，東洋館出版社
・永田潤一郎「平成29年版　中学校新学習指導要領の展開　数学編」，2017年10月，明治図書出版
・永田潤一郎「数学的活動に対する教師の意識調査」，教育研究所紀要第26号，2017年12月
・永田潤一郎「平成29年改訂　中学校教育課程実践講座　数学」，2018年３月，ぎょうせい
・根本博「中学校数学科　数学的活動と反省的経験　数学を学ぶことの楽しさを実現する」，1999年12月，東洋館出版社
・相馬一彦「数学科『問題解決の授業』」，1997年５月，明治図書出版
・相馬一彦「『予想』で変わる数学の授業」，2013年５月，明治図書出版

第2部
数学的活動の授業デザイン例

式の値の大きさを比べよう

1　本時の位置付け

第１学年の文字を用いた式の指導では，文字式の計算技能を高めるだけでなく，文字がいろいろな値を取ることができることの理解を深めることも大切にしたい。このことは，方程式の解の意味や，関数における変数の意味の指導にもつながる重要な内容である。文字が単なる記号ではなく，いろいろな値を取り得ることの理解を深めるには，文字に数を代入して式の値を求める学習が重要である。

しかし，教科書における式の値の取扱いを見ると，その計算の仕方と練習が繰り返されるような構成が目立ち，学習指導要領解説でも指摘されている，式の値を求めることを単なる計算練習としないことが実現されていないように感じられる。

そこで本授業では，式の値の指導の２時間目として，文字に様々な数を代入したときの式の値の大小関係を取り上げ，子どもが式の値を求めることの必要性を感じながら技能の習熟を図れるように工夫した。また，求めた式の値から，その大小関係について，分かったことを根拠を明らかにして説明する場面を設けた。

2　単元の指導計画（全17時間扱い）

1　文字式の意味
①数量を文字で表すこと……………………２時間
②文字式の表し方…………………………３時間
③式の値……………………………………２時間（本時２／2）

2　文字式の計算
①文字式の加法・減法……………………３時間
②文字式と数の乗法・除法………………２時間
③関係を表す式……………………………３時間

3　練習問題…………………………………２時間

3　本時の目標

文字にいろいろな数を代入して式の値を求め，その大小関係について説明することができる。

4 展開の概要

端緒

○複数の文字式に同じ値を代入し，式の値の大小を比較させる。

課題
(1)4つの文字式 $2+n$，$2\times n$，$2-n$，$2\div n$ のうち，$n=1$ を代入したとき，式の値が最も大きくなるのはどれだろう。
(2)文字の値が $n=2$ のときはどうだろう。

○式の値が最も大きくなる式は，$n=1$ のときと $n=2$ のときで異なることを確認し，$n\geqq 3$ の場合どうなるか予想させる。

問題
n が3以上の整数であるとき，4つの文字式 $2+n$，$2\times n$，$2-n$，$2\div n$ を，式の値が大きい順に並べよう。

ポイント 式の値を求める練習をしながらその大小を比較させ，予想を立てさせて問題を設定する。

解決

○個人解決の場面を設け，4つの文字式 $2+n$，$2\times n$，$2-n$，$2\div n$ の n に3以上の整数をそれぞれ代入して式の値を求め，その大小を比較させ，分かったことをノートに記述するように指示する。

○子どもの活動として次の4つの状況を想定して指導の仕方を事前に決めておき，机間指導しながら必要に応じて対応する。
・式の値を求めることができていない。
・$n=3$ の場合だけ式の値を求めている。
・文字の値を変えて式の値を求めることはできている。
・4つの文字式を，式の値が大きい順に並べることができている。

○机間指導を通して，共有の視点からの指導で活かす情報を把握する。

ポイント
・個人解決の場面で机間指導する際，子どもの活動の状況を事前に想定して対応する。
・求めた式の値から帰納的に考えさせる。

共有

○4つの文字式の式の値の大小関係について，n が3以上の整数であるときは，
$2\times n \ > \ 2+n \ > \ 2\div n \ > \ 2-n$
が成り立つことを確認する。

○上のような結論を導いた理由を，式の値を確認しながら帰納的な推論に基づいて説明させる。
例　文字の値が3以上の整数であるとき，$2-n$ の式の値はいつも負の数になる（$2\times n$，$2+n$，$2\div n$ は正の数になる）ので，一番小さい。

○この際，式の値を表にまとめると説明が分かりやすくなることに触れる。

○式の値の大小関係を帰納的な推論以外の方法で説明している子どもがいれば，この場面で取り上げる。

ポイント 4つの文字式の式の値の大小関係を確認し，帰納的に考えてその理由を説明させる。

振り返り

○「問題を解決するのに大切だったこと」を確認する。

○解決した問題の条件を変えて，新しい問題を設定する。

新しい問題
n が負の整数であるとき，4つの文字式 $2+n$，$2\times n$，$2-n$，$2\div n$ を，式の値が大きい順に並べよう。

○前問題の条件を変えると，4つの文字式の式の値の大小関係も変わるか，変わるとすればどう変わるかを子どもに自由に予想させる。

○共有の視点からの指導を活かすことができるよう，子どもの活動を中心に新しい問題の解決に取り組ませる。

ポイント
・問題を解決するのに大切だったことを明らかにする。
・新たな問題を設定し，習熟と発展の場面にする。

5 板書計画と経験させたい活動

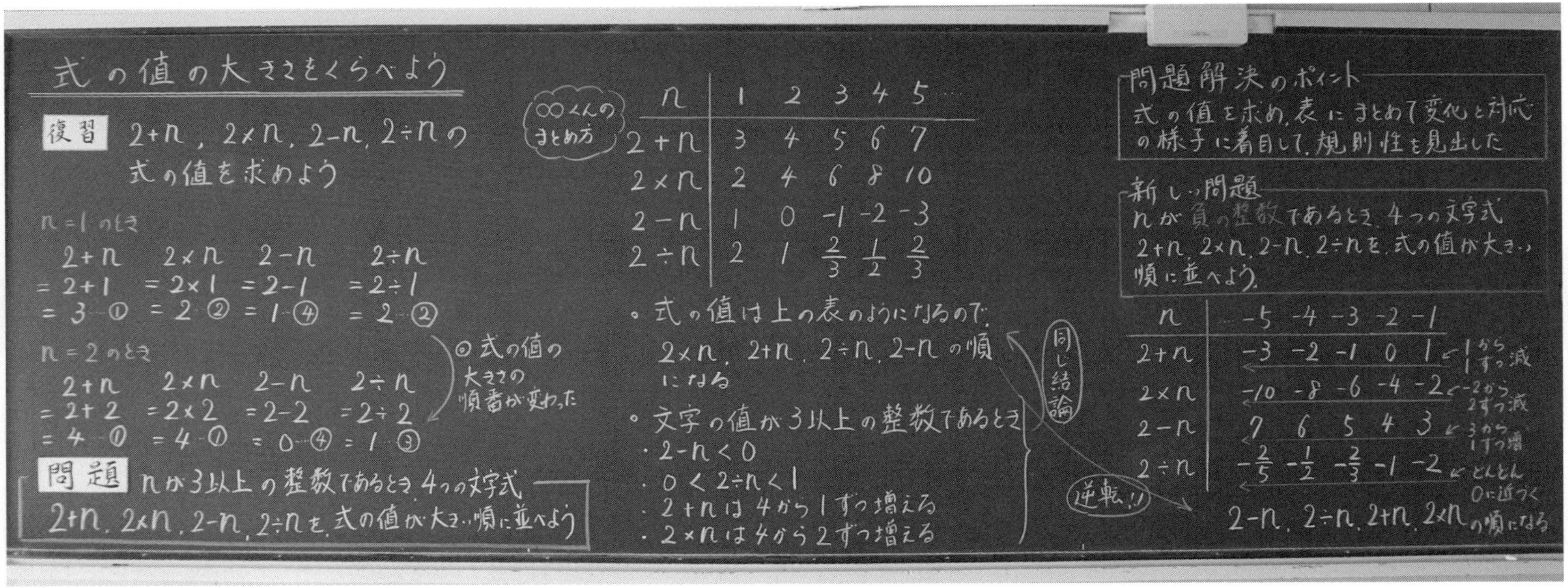

経験させたい活動	端緒	解決	共有	振り返り
帰納的に考える	○	○	○	
方針を立てる		○		○
手順を説明する		○	○	
自分の考えを見直して修正する				○

6 展開の詳細

端緒

①複数の文字式に同じ値を代入し，式の値の大小を比較させる。

課題

(1)4つの文字式$2+n$，$2\times n$，$2-n$，$2\div n$のうち，$n=1$を代入したとき，式の値が最も大きくなるのはどれだろう。

(2)文字の値が$n=2$のときはどうだろう。

◇この課題は，平成21年度全国学力・学習状況調査の「数学A」[2](2)を基にしている。この問題では，式の値の大小関係を調べたり，判断したことを確かめたりすることの重要性が指摘されており，特に文字の値が負の整数の時に課題がある点に注目した。

◇取り上げる文字式は，子どもの実態に応じて考える。上の場合でも，さらに「n^2」を加えることも考えられる。

②一斉指導で子どもに計算させ，式の値が最も大きくなるのは，$n=1$のとき$2+n$，$n=2$のとき$2+n$と$2\times n$であることを確認し，nの値によって式の値の大小が変わることに注目させる。

◇「$n=3$になると$2\times n$が$2+n$より大きくなる」ことは暗算で分かる子どももいるので，大小関係の逆転は，今後も起こる可能性があると思わせる。

③「nが3以上の整数の場合どうなるか」を問い，子どもに自由に予想させ，例えば次のような予想を引き出す。

・nが3以上の整数のときは…の式の値がいつも一番大きくなる。

・nの値によって，式の値が一番大きくなる式は変わる。

◇予想ができた子どもには，予想した理由をたずねる。式の値が最も大きくなる式を予想できなくても，例えば，「$2-n$の式の値はどんどん小さくなる」，「$2\div n$の式の値は分数で表すと分母が大きくなるから，1より小さくなる」などの意見が出てくれば，次の問題につながるので取り上げたい。

④問題を提示する。

問題

nが3以上の整数であるとき，4つの文字式$2+n$，$2\times n$，$2-n$，$2\div n$を，式の値が大きい順に並べよう。

◇子どもの実態に応じて，問いかけは「式の値が最も大きくなる式を求めよう」でもよい。式の値を求めることに「大小を比較する」という目的をもたせることが大切である。

◇問題には，本時の目標にある理由の説明は含めていない。まず，式の値を正しく求めることを優先し，説明については解決の視点からの指導で，机間指導しながら「本当に？　3以上の整数ならいつでも成り立つ？」などと問いかけることで考えさせる。

解決

①各自で４つの文字式の n に３以上の整数をそれぞれ代入して式の値を求め，その大小を比較させ，分かったことをノートに記述するように指示する。

◇式の値を求めることができるようにすることが目標であるから，周囲と相談したりせず，個別の取組を重視する。

◇式の値を求め，４つの文字式の式の値の大小を比較して帰納的に考えやすくするために，例えば右のような表にまとめさせたい。

n	1	2	3	4	5 …
$2+n$					
$2\times n$					
$2-n$					
$2\div n$					

◇目的に応じて情報を整理することは問題解決に関わる重要なアイデアである。教師が提示することも考えられるが，「大小を比較しやすくするには，どのようにまとめるとよいか？」などと問いかけ，子どもから表にまとめるという発想を引き出したい。

◇４つの文字式の式の値の変化は右図の通りである。関数については指導前であるので，授業で取り上げる必要はない。

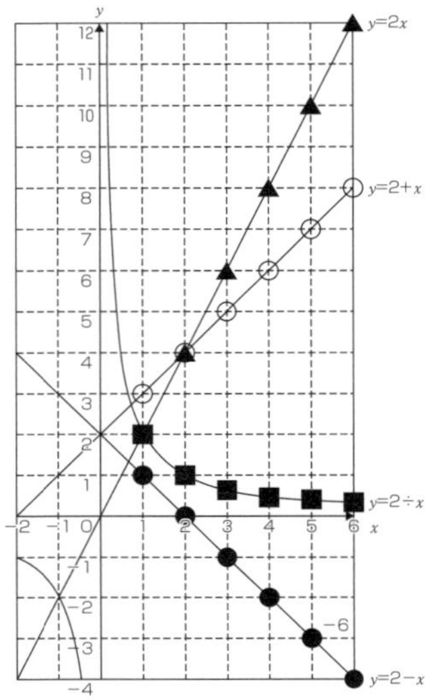

②子どもの活動として次の４つの状況を想定し机間指導で対応する。

・式の値を求めることができない。

→「黒板やノートを見直して，$n=1$ や２の場合の式の値を求める計算の仕方を確認してみよう」「n に１や２を代入した部分が３に変わると，計算はどう変わるかな？」

・$n=3$ の場合だけ式の値を求めている。

→「本当にこれで大丈夫？　問題は，n に３以上のいろいろな整数を代入した場合について考えることだったよ」「n に４，５，６を代入した場合も同じ結果になるかな？」

・値を変えて式の値を求めることはできている。

→「このことから，４つの文字式を式の値が大きい順に並べることができるかな？」「並べた結果から，どんなことが分かるかな？」

・４つの文字式を，式の値が大きい順に並べることができている。

→「どうしてこの順番だと分かったの？」「文字の値がもっと大きくなっても，４つの文字式の大小関係は変わらないかな？」「文字の値が変わると，４つの文字式の式の値はどのように変化しているかな？」

◇４つの文字式を式の値が大きい順に並べることができている子どもには，理由を書くように指示する。文字の値が３，４，５の場合くらいから帰納的に結論を導ければよい。可能な子どもには，それ以降も大小関係が変わらない理由まで考えを深めさせ，共有の視点から取り上げたい。

共有

①４つの文字式の式の値の大小関係について，

$2 \times n > 2 + n > 2 \div n > 2 - n$

が成り立つことを確認する。

◇これと異なる結論を導いている子どもがいる場合は，この段階で取り上げ，誤りの原因を明らかにする。例えば，計算の誤りによって大小関係が逆転していたり，文字の値によって大小関係が入れ替わっていたりする誤りや，「１より小さい」と「０より小さい」を間違えて，$2 - n > 2 \div n$ とする誤りが考えられるので注意する。

②大小関係について，表を用いるなどして帰納的な推論に基づいて説明させる。ここでは，例えば，次のような説明が導けるようにする。

・４つの文字式の n に３を代入すると…。４を代入すると…。５を代入すると…。だから，文字の値が３以上の整数であるとき，４つの文字式の式の値は大きい順に，…になる。

◇この授業では，式の値を求めることができるようにすることが大切であり，中学校第１学年のこの段階の指導であることを考えると，説明については演繹的な推論を求める必要はなく，小学校でも指導している帰納的な推論に基づいて行うことができれば十分である。

◇説明の際には，表にまとめると分かりやすく伝えられることにも触れたい。

③解決の視点から，机間指導の段階で帰納的な推論以外の方法で説明している子どもがいれば，この場面で取り上げて，例えば次のようにまとめる。

・文字の値が３以上の整数であるとき，$2 - n$ の式の値はいつも負の数になる（$2 \times n$，$2 + n$，$2 \div n$ は正の数になる）ので，一番小さい。

・$2 \div n$ の式の値はいつも１より小さい数になる（$2 \times n$，$2 + n$ は１より大きい数になる）ので，２番目に小さい。

・文字の値が２のとき，$2 \times n$，$2 + n$ の式の値は４で等しいが，文字の値が１ずつ増えると，式の値は $2 \times n$ が２ずつ増え，$2 + n$ が１ずつ増えるので，$2 \times n$ の式の値が一番大きい。

・以上のことから，文字の値が３以上の整数であるとき，式の値は大きい順に，$2 \times n$，$2 + n$，$2 \div n$，$2 - n$ になる。

◇また，この内容の指導段階では文字式の計算は未習であると想定しているが，文字式の計算が可能であれば，$2 \times n$ と $2 + n$ の式の値の大小については，$n > 3$ であることから，

$$(2 \times n) - (2 + n) = 2n - (2 + n)$$
$$= n - 2 > 0$$

として導くことも考えられる。

振り返り

①「問題を解決するのに大切だったことは何か」を問い，次のことをまとめる。

・文字にいろいろな数を代入して式の値を求め，その大小を比較すること。

・文字の値と式の値の変化と対応の様子に着目して，その変化の様子や規則性などを見いだすこと。

◇式の値の変化の様子や規則性を考えるためには，「表にまとめる」というアイデアが有効であったことを確認する。「表にまとめる」という方法は，今後も繰り返し指導するが，ここでは「なぜ表にまとめるのか」や「表をどのように見ればよいのか」を子どもが意識できるようにしたい。

②解決した問題の，「n が3以上の整数であるとき」の部分を「n が負の整数であるとき」に変えて，新しい問題を設定する。

> **新しい問題**
>
> n が負の整数であるとき，4つの文字式 $2+n$，$2\times n$，$2-n$，$2\div n$ を，式の値が大きい順に並べよう。

◇問題の条件を変えて新しい問題を設定することは，発展的に考えることと共に，式の値を求めることの習熟を図ることを意図している。

③前問題を解決した経験を基に，新しい問題の解答を例えば次のように自由に予想させる。

・$2\times n$ と $2\div n$ は必ず負の数になるので，式の値は小さいのではないか。

・$2+n$ も文字の値が小さくなると負の数になってしまうので，式の値は小さいのではないか。

・$2-n$ は文字の値が0より小さいので，必ず正の数になるから，一番大きいのではないか。

◇こうした予想を基に，実際にはどのような大小関係になるのかを式の値を求めて確かめる必要性を感じさせたい。

◇予想が出にくい場合は，教師から，「前の問題と同じで，$2\times n$，$2+n$，$2\div n$，$2-n$ の順に式の値が大きくなるのではないか」と問うことも考えられる。

④共有の視点からの指導を活かすことができるよう，子どもの活動を中心に新しい問題の解決に取り組ませる。

◇ただし，今回は文字 n に負の数を代入する必要があることから，学力調査で指摘されている課題への対応を意識し，机間指導での対応に留意する。

◇この事例では，学習指導要領解説に指摘のある「式の値を求めることを単なる計算練習としないこと」に着目している。新しい問題でも，式の値を求めるのは予想を確かめることが目的であることを大切にしたい。

7　実践を通して

○端緒の視点から

・$n=1$，2の場合，nの値によって式の値の大小関係が変わることに触れながら，「nが3以上の整数の場合どうなるだろう？」と問うと，$n=3$の場合について確かめて結果を発表する子どもはいたが，「nがもっと大きくなったら？」と問い返すと，学級の１割程度が「$2 \times n$が大きくなる」，３割程度が「nの値によって変化する」，残りの６割程度は「分からない」だったので，確かめる必要性が生まれ，子どもの主体的な取組につながった。

○解決の視点から

・個人解決に取り組ませる前に，「たくさん式の値を求めて大きさを比べるけれど，うまく整理する方法はないかな？」と問いかけると，「表にまとめるとよい」，「算数でも使った」という意見が子どもから出てきたので，全体で表にまとめることを確認してから解決に取り組ませた。

・机間指導しながら，４つの文字式の大小関係を求められている子どもにその理由をたずねると，$n=4$や$n=5$といった１つの数だけを根拠に説明する場合が多かった。今回は説明することの指導に時間をかけることができなかったが，今後，根拠を明らかにして説明することの指導を暫時取り入れていくことの必要性を感じた。

○共有の視点から

・子どもを指名し，式の値を発表させて表を完成し，４つの文字式の式の値の大小関係を全体で確認した。

・表にまとめたので，nの値と式の値の変化と対応に着目する子どもが多く，「nの値が大きくなると，$2+n$と$2 \times n$の値は大きくなるが，$2-n$と$2 \div n$の値は小さくなる」ことには，多くの子どもが気付いたようだった。

・しかし，事前に想定したような「$2-n$の式の値はいつも負の数になる」ことや「$2 \div n$の式の値はいつも１より小さい数になる」ことから，大小関係を説明した子どもは少数だった。

○振り返りの視点から

・予定通り，新しい問題までを授業時間内に終えることができる内容であることが確認できた。

・式の値を求めて問題解決を図ることを目標としたことで，子どもが目的意識をもって活動に取り組むことができ，不十分ながらも説明することの意味も感じられたのではないかと思う。

・ただし，新しい問題については，前問題に比較して，計算間違えや，誤って大小関係を捉える子どもが多かった。

・そのため，解決の途中からペア学習を取り入れ，式の値を求めた段階でその結果をお互いに確認するように促した。

・指導の時間配分を見直して，振り返りの視点を重視した展開にすることも検討する必要がある。

（須江　直喜）

1年 図形 平面図形

これまで学習してきた作図を使うと どんな角ができるだろう？

1 本時の位置付け

第１学年の平面図形では，基本的な作図の方法を理解できるようにし，それを具体的な場面で活用することを指導する。子どもにとって作図は，作業をともなうので取り組みやすい内容だが，作業に時間を要し，「なぜそのような図形を作図できるのか」などの論理的な考察が不十分なまま，授業を終えることも少なくない。

そこで，この授業では，角の二等分線，線分の垂直二等分線，垂線の作図に正三角形の作図を加えて既習事項とし，75°を作図する方法を取り上げる。以前から教科書等に掲載されている題材であるが，ここでは，作図することと共に，「どうすれば作図できるか」を考えることに重点を置いて，数学的活動を通した授業にしたいと考えた。自分が意図する作図を実現するために，どのような基本的な作図が必要であり，それらをどのように組み合わせればよいのか，またその組み合わせをどのように改善していけば，より的確な作図になるのかを考えることは，新学習指導要領で重視されている「プログラミング的思考」にもつながる。

2 単元の指導計画（全19時間扱い）

1　図形と移動

①直線と角…………３時間　②図形の移動………３時間

2　図形と作図

①基本の作図……………………………４時間

②いろいろな作図………………………２時間（本時１／２）

3　円とおうぎ形

①円とおうぎ形の性質…………………２時間

②円とおうぎ形の計量…………………３時間

4　練習問題………………………………２時間

3 本時の目標

基本的な作図を利用して，75°の角を作図することができる。

4 展開の概要

端緒

○既習の基本的な作図を，ある大きさの角をつくるための作図と捉え直させる。

課題
これまで学習してきた作図を使うと，どんな大きさの角をつくることができるだろう。

○基本的な作図を使ってつくることのできる角の大きさを整理する。

○15°ずつ大きさの異なる角を作図できるのに，75°が作図できていないことから，次の問題を示す。

問題
これまで学習してきた作図を使って75°を作図するにはどうすればよいだろう。

ポイント 既習の基本的な作図を使ってつくることができる角の大きさから帰納的に考えて「75°も作図できるのではないか」と予想させる。

共有

○子どもに作図の方法を説明させる。
・作図の手順だけでなく，
・既習のどんな作図を用いたのか
・それによって，何が作図できたのか
を大切にする。

○自分の作図を見直し，修正させる。
・特に，作図ができなかった子どもが，その原因を明確につかみ，作図ができるようにする。

○新たな式から75°が作図できるかどうか考えさせる。
・示された式から作図の方針を読み取らせる。

ポイント 作図の手順を説明させることで，その作図が正しいことを確認できるようにする。

解決

○作図の仕方を考えさせ，「75°＝60°＋15°」を取り上げる。

○つくった式を方針として，教師が黒板に75°の作図をする。

○「75°＝60°＋15°」以外の作図の方法を考えさせる。
例
・75°＝30°＋45°
・75°＝（180°－30°）÷2
・75°＝90°－15°
・75°＝60°＋60°－45°
・75°＝180°－45°－60°

○板書した式を参考にして，75°を作図させる。

ポイント 教師の指導を中心に，「75°＝60°＋15°」を方針として75°を作図してから他の式を方針として，子どもに75°を作図させる。

振り返り

○75°を作図することができたポイントを振り返らせる。
・既習事項を基に作図できる角の大きさを整理する。
・75°を作図できる角の大きさに分解する。
・その関係を式で表し，作図の方針を立てる。
・式に沿って作図する。

○適用問題を解決させる。

新しい問題
これまで学習してきた作図を使って105°を作図するにはどうすればよいだろう。

・作図の方針を式で立て，それにそって作図させる。

ポイント 作図の方法のポイントを振り返り，これを活かして適用問題の解決に取り組ませる。

5 板書計画と経験させたい活動

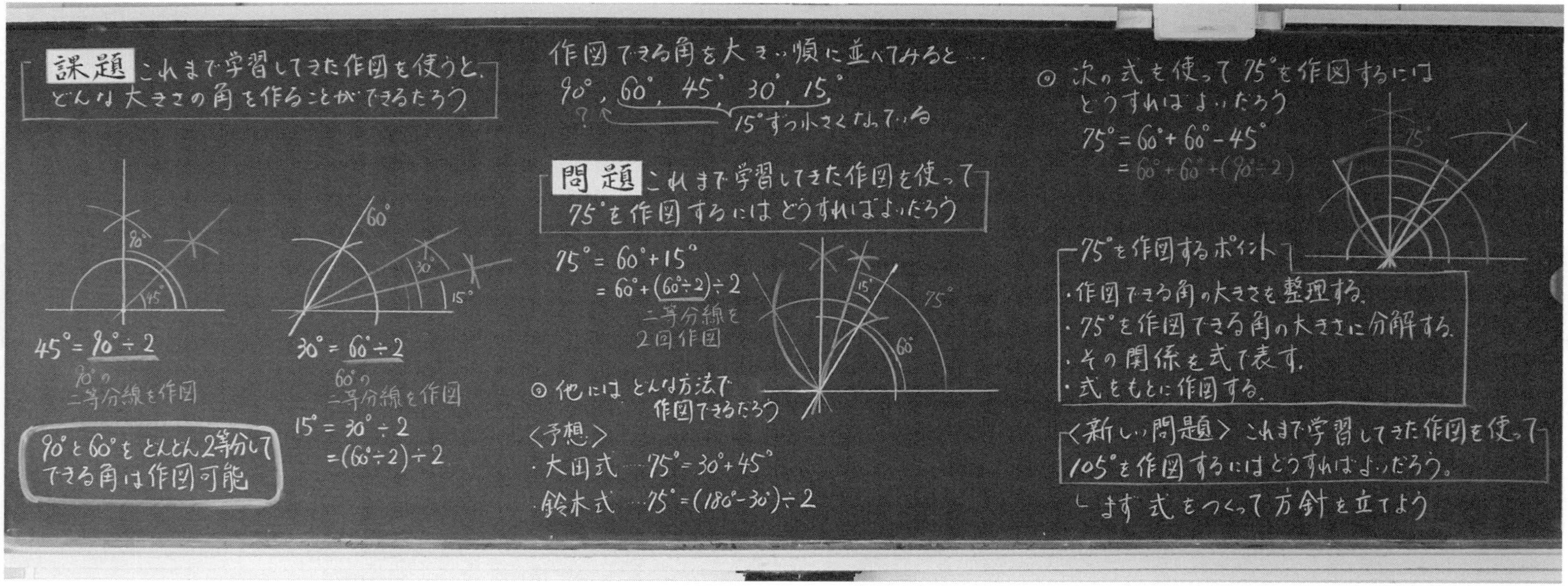

経験させたい活動	端緒	解決	共有	振り返り
帰納的に考える	○			○
方針を立てる		○		○
方法や手順を説明する			○	
自分の考えを評価・改善する			○	

6 展開の詳細

端緒

①既習の基本的な作図を，ある大きさの角をつくるための作図と捉え直させる。

課題
これまで学習してきた作図を使うと，どんな大きさの角をつくることができるだろう。

◇前時までに，角の二等分線，線分の垂直二等分線，垂線，正三角形の作図を指導しておき，線分の垂直二等分線と垂線の作図は「90°の作図」，正三角形の作図は「60°の作図」とみることができることを板書しながら確認する。90°と60°は角の二等分線の作図を使ってさらに様々な角を作図する際の基準になる角として重要である。

②90°と60°以外の大きさの角を作図できないか考えさせる。
◇子どもに気付かせたいが，難しい場合は「角の二等分線の作図を利用できないかな」などの問いかけをする。
◇子どもに説明させながら，黒板に板書した90°と60°の二等分線を作図し，45°と30°，15°を作図する。この際，「45°は90°の二等分線を作図してつくることができる」ということを，「45°＝90°÷2」のように式で表すこともできることを説明し，解決や共有の視点からの指導で使えるようにしておく。
◇つくることのできる角の大きさとして，「直線を引いて180°」「一回転で360°」などの意見が出た場合は取り上げて，360°を二等分すると180°，180°を二等分すると90°のように，90°と結び付ける。

③90°と60°の作図と角の二等分線の作図を使ってつくることのできる角の大きさを整理する。
◇基本的な作図を使えば，
・（360°→180°→）90°→45°→…
・60°→30°→15°→…
の２系統の作図が可能であることを確認する。「…」の部分は実際に作図する必要はなく，作図可能であることが分かるようにしたい。

④90°から15°ずつ大きさの異なる角を作図できるのに，75°が作図できていないことから，次の問題を示す。

問題
これまで学習してきた作図を使って75°を作図するにはどうすればよいだろう。

解決

①作図の仕方を考えさせ，「75°＝60°＋15°」を取り上げる。

◇「これまでにつくった角の作図を利用できないか」を問うことで「作図を組み合わせる」ことを引き出したい。子どもの状況によって，「75°は60°より15°大きい」ことを示す。

◇子どもから「60°の作図と15°の作図を組み合わせると75°が作図できる」ことが出てきたら，「75°＝60°＋15°」のように式で示す。

◇子どもからは「75°＝30°＋45°」が出てくることが考えられるが，この作図は取り組みやすいので，後で子どもに作業させることにしてここでは取り上げない。

◇子どもの状況によっては「75°は90°より15°小さい」を取り上げることも考えられるが，作図が複雑になる。

②つくった式を方針として，黒板に75°の作図をする。

◇子どもは，２つの角をつなげて作図した経験がないので，ここでは，教師が作図して見せることで，その方法を理解させる。

◇「75°＝60°＋15°＝60°＋(60°÷２)÷２」のように式を示し，「60°を作図し，その隣にもう１回60°を作図して，角の二等分線を２回作図する」のようにつぶやきながら作図することで，式と作図の関係を伝える。

◇「75°＝90°－15°」を扱う場合は，「90°－(60°÷２)÷２」と「90°－(90°－60°)÷２」が考えられる。

③「75°＝60°＋15°」以外の作図の方法を考えさせる。

◇実際に作図をするのではなく，作図するための方法を考えさせる。

◇自由に取り組ませてもよいが，子どもの状況に応じて「これまでにつくった他の角を組み合わせたらどうかな」とか「75°＝150°÷２だから，150°を作図できないかな」などと問いかけてもよい。

◇机間指導して，子どものアイデアを収集し，「○○式」のように子どもの名前を付けて板書する（２つ程度）。

◇ここでは，次のような式が出てくる可能性がある。

・75°＝30°＋45°
・75°＝(180°－30°)÷２
・75°＝90°－15°（①で取り上げない場合）
・75°＝60°＋60°－45°
・75°＝180°－45°－60°

子どもから出てこない場合は，このうちいくつかを教師が示す。

④板書した式を参考にして，75°を作図させる。

◇作図ができない子どもを教卓の周りに集め，次のようなことをつぶやきながら「75°＝30°＋45°」の作図をしてみせる。

・「まず45°を作図するために90°と二等分線を作図して…」
・「次に30°を作図するために60°を作図したいのだけれど，どこに角をつくればいいかな」
・「これで60°の二等分線を作図して30°ができたけれど，75°はどこにできたことになるかな」

共有

①子どもに作図の方法を説明させる。

◇解決の視点からの指導の際に，机間指導をして，作図ができた子どもの中から発表させる子どもをあらかじめ決めておく。

◇実物投影機を使って，子どものノートを投影し，図を指さしながら，作図の手順を説明させる。この際，

「60°の作図と角の二等分線の作図を利用して，30°を作図した」のように，

・既習のどんな作図を用いたのか。

・それによって，何が作図できたのか。

を明確にすることを大切にし，作図の正しさを確かめられるように指導したい。この授業は，説明することができるようにすること自体を目標にしていないが，手順を明確にすることで，作図が正しいことを確認できることは大切である。

◇作図と事前に考えた式との対応関係を明らかにし，「75°＝30°＋45°」の方針通りに作図ができていることを確かめ，式を使って方針を立てることが作図するのに役立ったことを確認したい。この際，

$$75° = 30° + 45° = (60° \div 2) + (90° \div 2)$$

のように式を変形して示すと，方針と実際の作図の対応関係が一層はっきりする。

②自分の作図を見直し，評価・改善させる。

◇共有した仲間の作図や説明を基に，各自で自らの作図を見直して評価・改善する機会を設けることで，作図の方法とそれができる理由の定着を図りたい。

◇自力で作図ができなかった子どもが，「～に気付かなかった」や「～のところで間違えた」のように，作図ができなかった原因を明確につかめるようにすることが目的であり，原因をつかめることが次の学習につながる大きな成果になる。また，学級でこうしたことを自由に言い合える雰囲気をつくることを日頃の授業から大切にしたい。

③新たな式から75°が作図できるかどうか考えさせる。

◇黒板に板書した以外の式をつくって作図した子どもがいた場合や，教師が特に取り上げたい式がある場合は，この場で取り上げて，どのような式をつくって作図をすればよいのかを考えさせ，式を使って方針を立てることの理解を一層深めることができるようにしたい。

◇例えば，「75°＝60°＋60°－45°」を示し，「この式を方針にして，作図するにはどうすればいいだろう」などと問い掛けることが考えられる。子どもに作図させることが時間的に難しい場合は，式から作図の方針を読み取らせ，後は教師が作図して見せられるとよい。

振り返り

①75°を作図することができたポイントを振り返らせる。

◇ノート（板書）を見直させながら，自由に発言させ，次の４点に整理する。

・既習事項を基に作図できる角の大きさを整理する。
・75°を作図できる角の大きさに分解する。
・その関係を式で表し，作図の方針を立てる。
・式に沿って作図する。

◇方針は言葉でも立てることができるが，式を用いることで簡潔になり，他者にも伝えやすくなることを確認したい。

◇実際には，方針となる式によって作図の手間に違いが生じる。例えば，「75°＝30°＋45°」の場合，

・90°を作図する。
・その二等分線を作図する。
・隣に60°を作図する。
・その二等分線を作図する。

のように，４段階で作図できるが，「75°＝90°－15°＝90°－(90°－60°)÷２」の場合，

・90°を作図する。
・重ねて60°を作図する。
・その差の30°の二等分線を作図する。

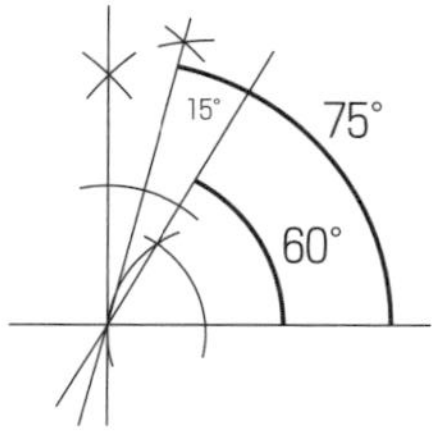

のように，３段階で作図できる。

◇意欲のある子どもがいる場合には，「75°をできるだけ手際よく（または，簡潔に）作図するための方針を考えよう」などの課題を与えて追究させ，レポート等を作成させることも考えられる。

②適用問題を解決させる。

新しい問題

　これまで学習してきた作図を使って105°を作図するにはどうすればよいだろう。

◇最初の問題を見いだす際，15°ずつ大きさの異なる角に注目したことを振り返り，「105°も作図できるのでは」と予想する。

◇この問題で子どもの学習の状況を確認したいので，ノートまたはワークシート（Ａ４判の紙１枚程度で十分）に作図させ，授業の中での確認等は行わず，授業終了時に回収する。

◇まず，作図の方針を式で立てるように指示する。ここでは，子どもから次のような式が出てくることが予想される。

・105°＝180°－75°
・105°＝75°＋30°＝75°＋(60°÷２)
・105°＝45°＋60°＝(90°÷２)＋60°
・105°＝90°＋15°＝90°＋(60°÷２)÷２
・105°＝60°＋60°－15°＝60°＋60°－(60°÷２)÷２

◇どの式をつくって方針を立てていても，それを基にして105°を作図することができていればよい。

7　実践を通して

○端緒の視点から

・最初にこれまでの基本的な作図を振り返り，作図できる角の大きさを確認することで，本時で扱う既習事項が明確になり，後の指導にスムーズに結び付けることができた。

・作図できる角を順に並べて書き，「大きさを比べるとどんなことが分かるか」を問うと，「差が15°」という意見が出たので「それなら，他にも作図できる角があるのでは」と問い返し「75°がない」ことを子どもから導くことができた。これによって，75°も作図できるのではないかという予想を引き出し，その正誤を確かめる必然性が生まれた。

○解決の視点から

・作図に取り組ませる前に，全体で式を使って作図の方針を立てたことで，子どもが見通しをもって作図に取り組むことができた。また，端緒の視点からの指導で「差が15°」であることを確認していたことが，「75°＝60°＋15°」という発想に自然に結び付いた。

・生徒は，75°の作図にはいろいろな方法があることにおもしろさを見いだし，意欲的に式を考えたことで，数学の楽しさを感じさせることにつながった。

○共有の視点から

・子どもに作図の方法を説明させる場面では，「ここにコンパスの針をあてて円をかきます」のように，図のかき方を説明することはできたが，「何を作図しようとしているのか」や「それはなぜなのか」などはなかなか説明できなかった。そこで，「最初に何を作図するのか言ってから説明して」と指示し，「どうしてその作図をするの」と問うことで，作図の意図を明確にしようと試みた。

・自分の作図を見直し，修正させる場面では，個人での活動を想定していたが，周囲の仲間との教え合いが自然発生的に始まったのでこれを活かし，相談しても分からない場合は教師を呼ぶように指示した。

○振り返りの視点から

・75°を作図することができたポイントを振り返る際には，全員で板書を見直し，子どもが重要だと指摘した箇所に教師がマークを付ける方法が有効である。その意味で，板書の重要性を再確認することができた。

・適用問題では，多くの子どもが式をつくることができた。「105°＝180°－75°」と「105°＝75°＋30°」を方針とする子どもが多いと考えていたが，それ以外の式をつくった子どもも相当数いたのは意外であった。

（大田　誠）

1年　関数　変化と対応

一方が増えれば，もう一方は減るのが反比例？

1　本時の位置付け

第１学年の関数についての学習の初期段階では，小学校で学習した比例と反比例を関数関係として捉え直すと共に，子どもが「比例と反比例だけが関数である」という誤解に陥らないよう，比例でも反比例でもない関数関係を表，式，グラフを用いて考察することで関数の概念を拡げることを大切にしたい。

ある関数関係が，比例なのか反比例であるのかを考察する場面は，単元の終末に位置付けることも考えられるが，ここでは単元の導入で取り上げる。これによって，関数を比例と反比例に限定することなく，子どもにとって未知の一次関数や二次関数なども含めて広く捉え，関数関係を表，式，グラフを用いて考察できるように数学的活動を通して指導する。

また本教材は，多くの実践で取り上げられているように，１つの事象から多くのともなって変わる数量を見いだせることに魅力がある。１つの数量を変化させると，それにともなってどのような数量がどのように変化するかを子どもに考えさせることを大切にしたい。

2　単元の指導計画（全17時間扱い）

1　関数
①変数と関数の意味……………………２時間（本時２／２）
②変域の意味と表し方………………１時間
2　比例
①比例の式…………２時間　②座標…………１時間
③比例のグラフ……３時間
3　反比例
①反比例の式…………………………２時間
②反比例のグラフ……………………２時間
4　比例，反比例の利用………………２時間
5　練習問題……………………………２時間

3　本時の目標

関数には，比例や反比例とは異なるものがあることを理解することができる。

4 展開の概要

端緒

○１辺が16cmの正方形の紙の四隅から切り取る正方形の１辺の長さを変えるとき，それにともなって変わる数量を考えさせる。

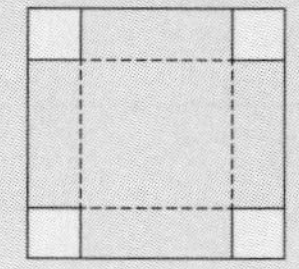

○見つけた数量は，切り取る正方形の１辺の長さの関数であることを確認する。

○見つけた数量は，切り取る正方形の１辺の長さに比例するか，反比例するかを予想させてから，本時の問題を提示する。

問題
けんたくんは，「箱の底面の１辺の長さと底面積はだんだん減っていくので，切り取る正方形の１辺の長さに反比例する」と考えました。けんたくんの考えは正しいですか？

ポイント 一方が増えれば，もう一方は減るという反比例の誤った捉え方を問題とすることで予想が複数出るようにする。

解決

○「２つの数量の関係を表や式に表して反比例するかどうかを調べればよい」という方針を子どもから引き出し，全体に位置付ける。

○切り取る正方形の１辺の長さを x cm，底面の１辺の長さを y cmとすることを確認し，表に表す過程を途中まで全体で行う。

○表を基に変化と対応について調べさせたり，式に表させたりしながら，どのようなことが分かったのかをノートに記述させる。

○底面の１辺の長さと底面積の両方について調べられた子どもは，挙手するように指示を出し，困っている子どもは挙手した子どものもとに行き，ヒントをもらってもよいことを伝える。

ポイント 底辺の１辺の長さについては，途中まで全体で表の表し方等を確認し，底面積についてはその過程を参考にしながら各自で追究させる。

共有

○底面の１辺について，表を横に見て２つの数量の変化の様子に着目した子どもを指名し，x と y の関係について分かったことを説明させる。

○底面積についても同様に説明させ，変化の様子から y は x に反比例しないことをおさえる。

○表を縦に見て２つの数量の対応の様子に着目した子どもを指名し，分かったことを説明させ，対応の様子から y は x に反比例しないことをおさえる。

○ x と y の関係を式で表した子どもに発表させる。

○関数には，比例の関係や反比例の関係以外の関係があることをおさえる。

ポイント 表を横に見る見方（変化の見方）と表を縦に見る見方（対応の見方）を分けて発表させた後，表を式につなげる。

振り返り

○本時の関数が反比例でないことをどのように導いたのかや，調べたことから関数についてどんなことが分かったのかを確認させる。

○端緒の視点からの指導で見いだした，他のともなって変わる数量を取り上げ，本時の学習の適用問題とする。

新しい問題
切り取る正方形の１辺の長さを x cm，箱の容積を y cm^3 とするとき，x と y の関係について正しく表しているものは次の(1)～(3)のうちのどれでしょうか。また，そのように考えた理由を表を用いて説明しなさい。
(1) y は x に比例している。　(2) y は x に反比例している。
(3) y は x に比例もせず，反比例もしない。

ポイント ともなって変わる２つの数量の関係を判断するためには，表や式を用いて特徴を調べればよいことや，関数には比例でも反比例でもない関数もあることを振り返らせる。

5 板書計画と経験させたい活動

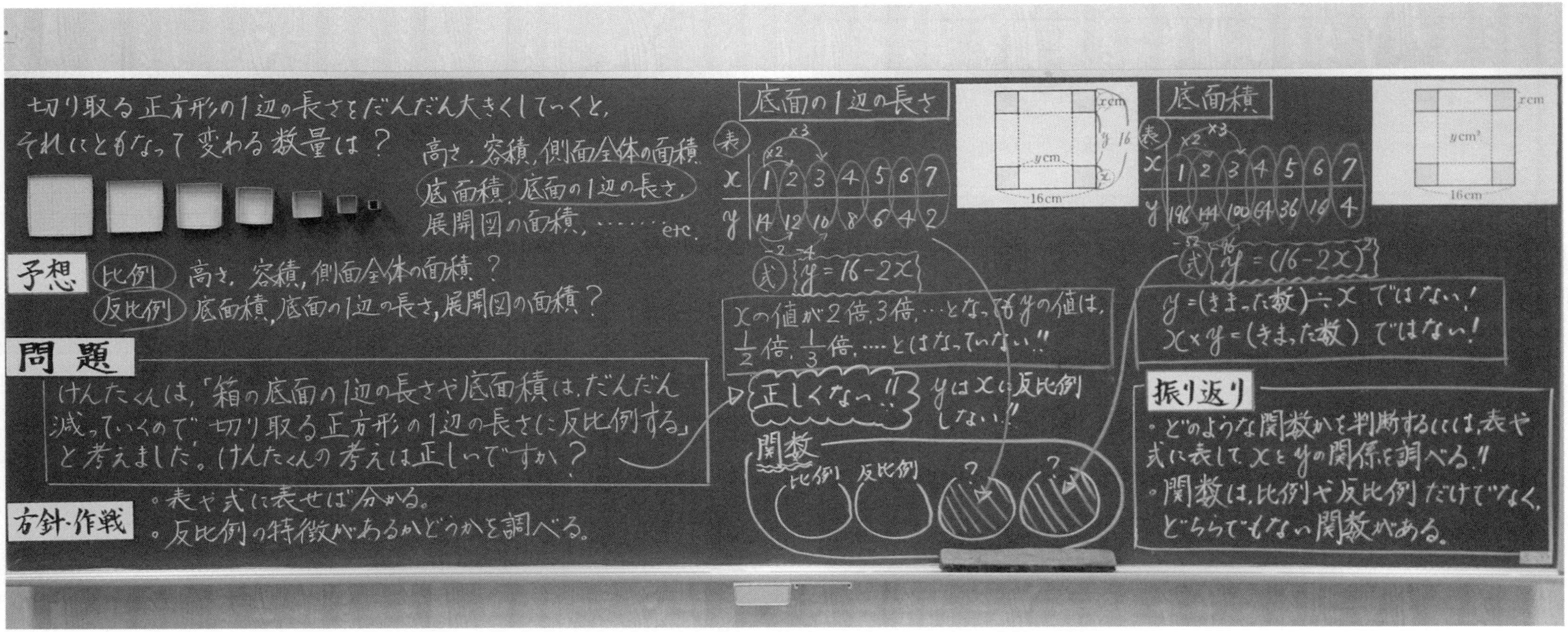

経験させたい活動	端緒	解決	共有	振り返り
予想する	○			
方針を立てる		○		
理由を説明する		○	○	○

6　展開の詳細

端緒

【前時】

◇次の問題を用いて，関数と変数の意味を理解できるようにし，比例と反比例の関係は関数関係であることを指導しておく。

> **前時の問題**
>
> 　次のア～エで，x の値が決まると y の値が１つに決まるものはどれか？
>
> ア　１ｍの値段が10円の針金 x ｍの代金 y 円
>
> イ　周りの長さが x cmの長方形の面積 y cm^2
>
> ウ　面積12cm^{2}の平行四辺形の底辺 x cmと高さ y cm
>
> エ　気温 x ℃のときの降水量 y mm

◇アは比例の関係であり，ウは反比例の関係である。このように比例と反比例の関係である事象を扱うことで，小学校で学習した比例と反比例の特徴を振り返らせ，比例と反比例は関数であることを確認する。

◇イ，エは共に関数ではない事象である。このように関数ではない事象を扱うことで，一方を決めるともう一方がただ１つに決まるという関数の意味を理解させたい。

【本時】

①１辺が16cmの正方形の四隅から正方形を切り取った展開図（板書計画参照）を提示し，切り取る正方形の１辺の長さを変えるとき，それにともなって変化する数量を考えさせる。

◇「箱の高さ」「箱の容積」「底面の１辺の長さ」「底面積」「展開図の面積」などの数量を子どもに見つけさせたい。

②①で見つけた数量は，切り取る正方形の１辺の長さの関数であることを確認する。

◇本時は，比例と反比例の関係以外の関数を見いだすことが目標であるため，それぞれの事象が関数であることを明確にした上で，この後の追究を進められるようにしたい。

③①で見つけた数量は，切り取る正方形の１辺の長さに比例するか，反比例するかを予想させてから，本時の問題を提示する。

> **問題**
>
> 　けんたくんは，「箱の底面の１辺の長さと底面積はだんだん減っていくので，切り取る正方形の１辺の長さに反比例する」と考えました。けんたくんの考えは正しいですか？

◇誤った予想なので架空の人物にしたが，①で見つけた数量について予想させる際に子どもから理由を引き出すことも考えられる。

解決

①全体で方針を立てる。

◇「正しいかどうかを調べるには，何を用いて調べればよいか」を問い，既習事項から「表や式に表す」ことを引き出し，これを基にして反比例かどうかを調べることを方針とする。

◇問題解決のための「用いるもの」を全体で確認したい。この際に「グラフに表す」という着想が出ることもあるが，まず表に表して考えてから，グラフに表して考えるように促す。

②切り取る正方形の１辺の長さを x cm，底面の１辺の長さを y cm とし，全体で表に表す過程を途中まで行う。

◇ y の値を正しく求められない子どもがいる場合，表に表す過程を途中まで全体で行い，全員が表を用いて考察できるようにする。

◇下の表のように $x=1$ のときと $x=7$ のときの y の値をそれぞれ求め，「x の値が７倍になると y の値は $\frac{1}{7}$ 倍になることから反比例と言ってよいのではないか？」と揺さぶりをかけ，他の値についても調べてみる必要性を引き出す工夫もできる。

7倍

x (cm)	1	…	7
y (cm)	14	…	2

$\frac{1}{7}$倍

③各自で表を基に変化と対応について調べさせたり，式に表させたりしながら，分かったことをノートに記述させる。

◇表や式に表せたが，反比例でないことをどのように書いたらよいか分からない子どもには，個別に対応し，前時のノートを見返しながら反比例の表や式の特徴と比較させ，反比例の特徴と異なることはどんなことかを見つけさせる。

④底面の１辺の長さについて調べられた子どもには，③までの過程を参考にして底面積についても調べさせる。

◇机間指導して，表の表し方が分からない子どもには，底面の１辺の長さの値が使えないかを問い，y の値は，底面の１辺の長さを２乗すればよいことを気付かせたい。

◇二次式になるため，必ずしも求められるようにする必要はないが，式で表したいと考えている子どもには，③で求めた式が使えないか問い，$y=(16-2x)\times(16-2x)$ であることを気付かせたい。

⑤底面の１辺の長さと底面積の両方について調べられた子どもは，挙手するように指示し，教師が確認する。まだ調べられていない子どもには，こうした子どものもとに行き，アドバイスをもらってもよいことを伝える。

◇追究の進度に差が見られることが予想されるが，このような指導によって，全員が底面積についての表を完成できるようにし，共有の視点からの指導に移りたい。

共有

①底面の１辺の長さについて，表を横に見て２つの数量の変化の様子に着目した子どもを指名し，x と y の関係について分かったことを説明させる。

◇解決の視点からの指導で机間指導する過程で，該当する子どもを見つけておく。

◇子どもに発表させる際に，次の図のように表に書き込みをしながら説明させることで，反比例の特徴と異なる点を全体で共有できるようにしたい。

×3
×2

x(cm)	1	2	3	4	5	6	7
y(cm)	14	12	10	8	6	4	2

−2
−4

②底面積についても同様に説明させ，両方とも「x の値が２倍，３倍，…と変化すると，y の値は $\frac{1}{2}$，$\frac{1}{3}$，…と変化していない」ことから，y は x に反比例しないことを板書する。

◇子どもは口頭で説明できればよく，教師がその説明した内容を板書してまとめる。

③表を縦に見て２つの数量の対応の様子に着目した子どもを指名し，x と y の関係について分かったことを説明させる。

x(cm)	1	2	3	4	5	6	7
y(cm)	14	12	10	8	6	4	2

◇この場合，x と y の関係が，y ＝（きまった数）÷ x や $x \times y$ ＝（きまった数）でないことを説明することになるため，次の④の指導に結び付ける。

④２つの事象の x と y の関係を式で表わすとどうなるかを問い，x と y の関係を式で表した子どもに発表させる。

◇底面積については式が二次式となり，式での表現が子どもにとってやや困難であるため，子どもの学習の状況によっては，教師から提示してもよい。

⑤関数には，比例の関係と反比例の関係以外の関係があることを確認する。

◇関数には比例の関係か反比例の関係のどちらかしかないと考えている子どももいるので，図などを工夫して（板書参照）比例でも反比例でもない関数があることを理解させたい。

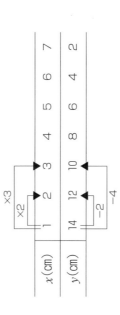

振り返り

①本時の関数が反比例でないことをどのようにして導いたのかや，調べたことから関数についてどんなことが分かったのかを確認させる。

◇例えば，次のようにまとめることが考えられる。
・どのような関数なのかを判断するには，表や式に表して x と y の関係の特徴を調べればよい。
・関数には，比例や反比例ではないものがある。

◇授業の感想を書かせるだけではなく，本時の学習を通して何が分かったのかや，それはなぜなのかを子どもが自覚的に確認できるようにし，次の適用問題や次時以降の授業での学習に活かすことができるようにしたい。

②端緒の視点からの指導で子どもが見つけたともなって変わる数量のうち，ここまで取り上げなかったものについての問題を示して取り組ませる。

新しい問題

切り取る正方形の１辺の長さを x cm，箱の容積を y cm^3 とするとき，x と y の関係について正しく表しているものは次の(1)～(3)のうちのどれでしょうか。また，そのように考えた理由を表を用いて説明しなさい。

(1) y は x に比例している。
(2) y は x に反比例している。
(3) y は x に比例もせず，反比例もしない。

◇新しい問題は別のプリントに印刷しておき，授業終了後に回収することで，子どもの学習の状況を捉える。

◇やや計算が複雑になるので，子どもの学習の状況に応じて電卓を使用させてもよい。

◇端緒の視点からの指導で子どもから箱の容積以外の数量があがっていれば，その数量を扱うことも考えられるので，事前に検討しておく。例えば次のような数量が考えられる。
・展開図全体の面積（表面積）
・側面全体の面積
・切り取った面積
・底面の周りの長さ

③また，家庭学習として，十分な時間をかけて取り組ませることも考えられる。

◇この場合は，１つの数量に限定せず，調べる数量を子どもに選ばせたり，複数の数量に取り組ませたりしてもよい。

◇さらに，比例や反比例ではない関数にどのような特徴があるのかを調べさせることもできる。

7　実践を通して

〇端緒の視点から

・見つけた数量は，切り取る正方形の１辺の長さに比例するか，反比例するかを予想させたところ，５割ほどの子どもが底面の１辺の長さや，底面積は反比例すると予想していたことから，多くの子どもが「一方が増えると，もう一方は減る関係は反比例である」という誤った捉え方をしていると考えられる。残りの５割の子どもは「よく分からない」と予想していたことから調べてみる必要性を引き出し，子どもの主体的な活動に結び付けることができた。

〇解決の視点から

・「けんたくんの考えが正しいか正しくないかを調べるには，何を用いればよいか」を問い，問題解決の方針を立てさせた。「表や式に表せばよい」という考えは子どもから出てきたが，「グラフに表せばよい」という意見は数人しかいなかった。子どもは反比例であるかどうかの判断は，表や式を用いてすることができると判断していることが分かった。こうしたことは，小学校における算数の指導の成果ではないかと考えられる。

・表や式に表せばよいことに気付いていても具体的にどのように表したらよいか分からない子どももいた。複数の具体的な場合を取り上げて確かめたり，変数を文字でおいたりすることは，全体で丁寧に確認する必要があると感じた。

・「比例の関係でも反比例の関係でもないことから関数ではない」と判断してしまう子どもがいたため，具体的な数で表をつくる際に，１対1対応であることから関数であることをしっかり確認する必要があることが分かった。

〇共有の視点から

・表を横に見る見方（変化の見方）と表を縦に見る見方（対応の見方）を分けて発表させた。変化の見方と対応の見方は，関数の学習指導において，その後も継続して重要な役割を果たしていくため，意図的に表の見方の違いを感じられるように発表の仕方を工夫した。

・グラフに表している子どもがいたので取り上げ，子どもに説明させた。時間的に余裕がないときは教師からグラフを提示し，反比例のグラフとの違いに触れることも考えられる。

〇振り返りの視点から

・授業の感想などを漠然と書かせるのではなく，問題解決の過程と結果を振り返ることができるよう，視点を与えて振り返りを記述させた。

・多くの子どもが比例と反比例以外の関数が存在することの驚きを記述していたことから，本時の目標を達成することができたと考えられる。

（油井　幸樹）

データを見て，どちらをリレーの選手に選ぶ？

1 本時の位置付け

本事例は単元の導入に当たる授業である。新学習指導要領では小学校での既習事項となる代表値やヒストグラムについて復習しながら，データの特徴を捉え判断をすることの指導を提案する。小学校における既習事項が多いといっても，それらを子どもがしっかり身に付けているとは必ずしも言えない。

また，度数分布表やヒストグラムを用いてデータを整理することは，本単元で指導する重要な技能だが，いまだに整理すること自体が目的の授業も少なくない。

そこで，本事例では，学級代表のリレーの選手をどうやって選ぶかという問題を解決することで，その判断の方法として代表値やヒストグラムをどのように用いたらよいかを数学的活動を通して指導したい。これによって，単元の導入の授業が，単なる小学校の復習になることを避けると共に，度数分布表やヒストグラムを用いて考察することの必要性や意味が伝わるのではないかと考えた。

代表値だけではなく，度数分布表やヒストグラムも利用してデータの分布の様子を捉え比較する経験を通して，中学校における今後の「データの活用」の領域の学習の方向付けとなることを意図している。

2 単元の指導計画（全12時間扱い）

1 ヒストグラムと分布の傾向…………3時間（本時１／３）
2 大きさの異なる集団の比較…………2時間
3 不確定な事象の起こりやすさ………3時間
4 調べたことをまとめて発表しよう…3時間
5 練習問題……………………………1時間

3 本時の目標

代表値やヒストグラムなどからデータの特徴をつかみ，それを基に判断したことを説明することができる。

4 展開の概要

端緒

○100m走の記録を示し，どちらをリレーの選手に選ぶかを直感で決めさせる。

課題
大田くんと須江くんのデータを見て，あなたならどちらをリレーの選手に選びますか。

○直感ではなく，これまでに学んだ数学を利用して選ぶとしたら，どのようなことが使えそうかを問い，既習事項を整理する。
○データを基に，度数分布表とヒストグラムをつくらせる。

問題
データを基にして，大田くんと須江くん，２人のうちどちらをリレーの選手に選ぶか決め，決めた理由をノートに書きましょう。

ポイント
・２つのデータを比較する場面を設定して，解答しやすくする。
・小学校での既習事項を確認し，それらを用いて判断して理由を説明することを明確にする。

解決

○どちらを選ぶか決めた理由を説明するときに，どんなことを示す必要があるかについて，学級全体で方針を立てる。

○使うことができる統計的な指標を，板書で確認し，２人のデータについて，それらの値を子どもに知らせる。

○中央値とヒストグラムを使うことができそうであることを確認し，隣同士などペアでどちらを使って説明するかを相談させ，個人で解決に取り組ませる。

○机間指導しながら，同じ統計的な指標を用いている子どもを確認し，４名程度のグループをつくり，それぞれが考えたことを相互に確認させる。

ポイント
・提示するデータをあらかじめ調整しておき，判断の根拠となる統計的な指標を明確にする。
・ペアや４人グループなど，学習形態を工夫して，全ての子どもが説明し改善する機会を設ける。

共有

○解決の視点からの指導で，グループで検討したことを基に，各自で説明を改善させる。

○最初のペアに戻り，互いに説明し合い共有させる。

○子ども数名に発表をさせ，「何を使ったか」「それを使って比較した結果」「その結果をどう解釈したか」を確認しながら，その要点を板書する。

ポイント
・子どもに求める説明を事前に想定しておくことで，子どもが説明したことのポイントを明確にできるようにする。
・同じヒストグラムから分布の傾向を読み取って判断しても，異なった判断になる可能性があることを取り上げ，不確定な事象に関する判断やその理由の説明の特徴を明らかにする。

振り返り

○共有した説明を基に，データを活用してリレーの選手をどのようにして決めることができるかを，各自でノートにまとめさせる。

○ノートにまとめたことを発表させ，全体で次のことを確認する。
・代表値などを用いてデータを比較し判断したこと
・ヒストグラムを用いて傾向をつかみ判断したこと
・判断した理由を説明するときには，「何を使ったか」「それを比較した結果はどうであったか」「比較した結果をどう読み取ったか」を明確にすること
・比較した結果をどう読み取るかによって判断が異なることがあること

○階級の幅を変えたヒストグラムを提示し，２人のうちどちらを選ぶかを考えさせる。

ポイント
子どもがノートにまとめていることを，机間指導で的確に把握し，全体のまとめで活かす。

5　板書計画と経験させたい活動

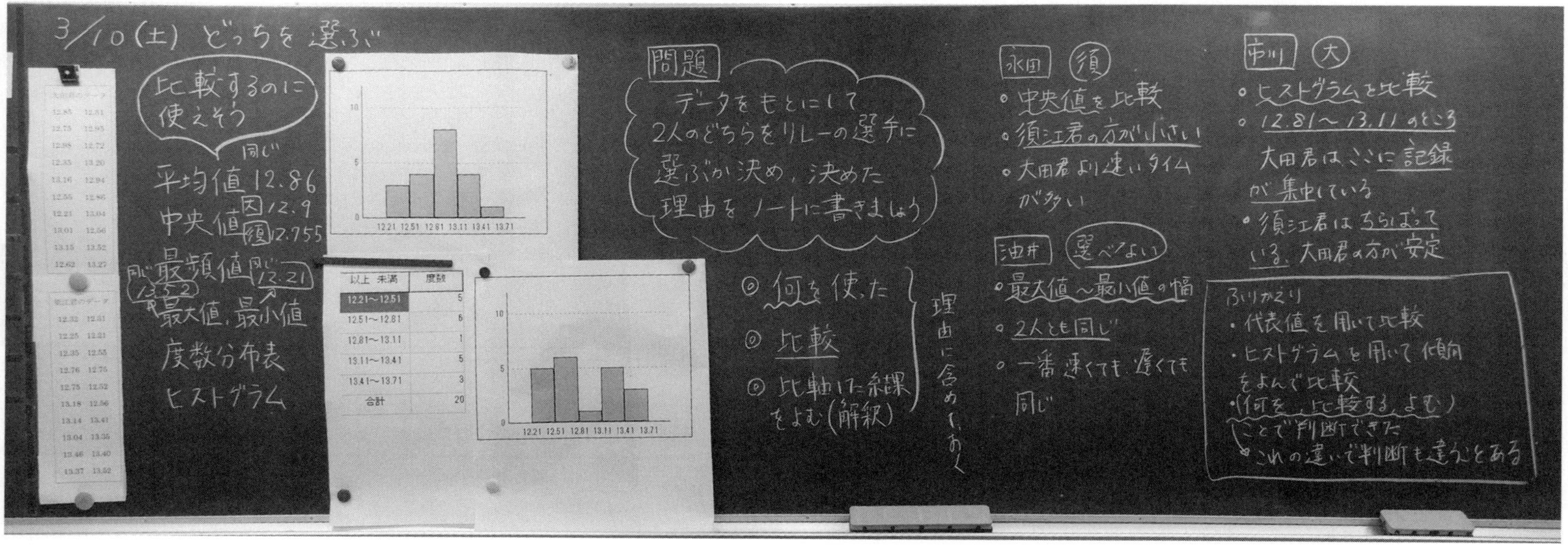

経験させたい活動	端緒	解決	共有	振り返り
予想する	○			
方針を立てる		○		
理由を説明する		○	○	
自分の考えを評価・改善する			○	○
発展的に考える				○

6 展開の詳細

端緒

①２人の100m走の記録を示し，学級代表のリレーの選手としてどちらを選ぶかを予想させ，挙手をさせる。

> **課題**
> 大田くんと須江くんのデータを見て，あなたならどちらをリレーの選手に選びますか。

◇直感的な予想でよいが，子どもに自分の立場を決めさせ，「なぜそう思ったのか」を考えるきっかけをつくりたい。

②提示したデータの取り方は同じ条件であることを確認する。
◇２人のデータを比較してもよいことをはっきりさせたい。データの取り方などについて疑問に思う子どもがいれば，それを取り上げる。もし，子どもから質問が出なければ，データを示した時点でこの点を説明する。

③直感ではなく，これまでに学んだ数学を利用して選ぶとしたら，どのようなことが使えそうかを問う。
◇小学校の学習内容を想起させ，中学校でも既習事項を活用して学ぶことを伝えたい。

④平均値，最大値，最小値，中央値，最頻値，度数分布表，柱状グラフ（ヒストグラム）など自由に発言させて，定義を確認する。
◇既習の代表値などについて確認し，度数分布表とヒストグラムについては，⑥で指導する。

⑤大田くんのデータからつくった度数分布表とヒストグラムを黒板に掲示する。
◇同じヒストグラムと度数分布表がかかれたワークシートを配付することで，子どもがノートを取る時間を節約する。

⑥ワークシートに同じ度数分布表とヒストグラムの枠を示しておき，須江くんの度数分布表とヒストグラムをつくらせる。
◇階級は決めておき，データを整理させる。度数分布表やヒストグラムをつくらせることで，既習事項を確認する。

⑦問題を提示する。

> **問題**
> データを基にして，大田くんと須江くん，２人のうちどちらをリレーの選手に選ぶか決め，決めた理由をノートに書きましょう。

解決

①２人のうちどちらを選ぶか決め，その理由を説明するときに，どのようなことを示す必要があるかについて，学級全体で方針を立てる。

◇１年生では，どのように理由を説明すればよいかについて分からない子どもが少なくないと予想される。そこで，ここでは理由を説明するときに必要な事柄について示し，説明の仕方についての指導をすることをねらっている。

◇理由を説明するときには，「２人のうちどちらを選んだのか」という判断と，その根拠となる

・何を使ったか
・それを使って比較した結果
・その結果をどう解釈したか

の３つの事柄が必要である。

②既習の代表値など，子どもが使うことのできる統計的な指標を板書で確認し，２人のデータについて，それらの値を子どもに知らせる。

◇２人のデータは，代表値等の値が次のようになるように意図的に作成してあり，比較に役立つ値を制限してある。

大田：平均値12.86，中央値12.9，　最大値13.52，最小値12.21
須江：平均値12.86，中央値12.755，最大値13.52，最小値12.21

◇こうしたデータを準備することは，子どもに判断を求めその理由を説明させる指導では極めて重要である。より多くの値が２人のうちどちらを選ぶかを判断する際の根拠になるようなデータを設定することも考えられるが，この後の議論が拡散することも予想される。子どもの思考が説明の内容に向かうように，ここでは中央値とヒストグラムに注目させることにした。

③中央値とヒストグラムを使うことができそうであることを確認し，隣同士などでペアをつくり，どちらを使って説明するかを相談させ，個人で解決に取り組ませる。

◇ヒストグラムを含めたのは，新学習指導要領の１年生の内容として「データの分布の傾向を読み取り，批判的に考察し判断すること」が示されており，本時はその導入場面として位置付けることを考えているからである。

④机間指導しながら，同じ統計的な指標を用いている子どもを確認し，４名程度のグループをつくらせ，それぞれが考えたことを相互に確認させる。

◇このグループでの活動は，それぞれの考えを知ることを通して自分の説明を改善する機会となる。また，自力で解決が出来ない子どもにとっては，この活動を通して，他の子どもからどのように説明するかを聞き，それを理解することで説明をつくる場面となる。

共有

①各自で説明を改善する時間を取った後，最初のペアに戻り，互いに説明し合い共有させる。

◇共有をさせる際には，各自の判断と「何を使ったか」「それを使って比較した結果」「その結果をどう解釈したか」の３つを意識して話をするようにさせる。

◇話を聞く側の子どもには，相手がどちらの選手を選び，その根拠として「何を使ったか」「それを使って比較した結果」「その結果をどう解釈したか」をノートにメモしながら聞くようにさせるとよい。

◇机間指導する中で，各ペアで行われている説明を聞き，次の学級全体の共有場面で取り上げる説明を決めておく。

◇この場面を通して，全ての子どもが自分自身の言葉で数学的な表現を用い，自分の考えを説明する機会をもつことができるようにしたい。

②①で見いだした子ども数名に発表をさせる。この際，その子どもの判断と，その根拠となる３つの事柄を確認しながら，その要点を板書する。

◇中央値を用いた説明とヒストグラムを用いた説明の両方を取り上げる。

◇ヒストグラムを用いた説明については，次の「例２」と「例３」に示すように，同じヒストグラムから異なった解釈をしているものを取り上げ，判断が異なることがあり得ることを理解できるようにする。

◇ここで想定している説明は，例えば次のようなものである。

例１　中央値を用いた説明

中央値を比較すると，大田くんは12.9秒，須江くんは12.755秒です。中央値が小さい須江くんは，12.755秒以下のタイムで走ることが半分あるのに対して，大田くんは半分より少ないので，須江くんを選びます。

例２　ヒストグラムを用いた説明

ヒストグラムを比較すると，大田くんのデータは12.81秒以上13.11秒未満のところに１つの山のように集まっています。それに対して，須江くんのデータは，12.81秒未満のところと13.11秒以上のところに２つの山をつくっています。須江くんは速くなるときと遅くなるときがあるので，大田くんを選びます。

例３　ヒストグラムを用いた説明

ヒストグラムを比較すると，12.81秒未満で走った回数は大田くんより須江くんの方が多いので，須江くんを選びます。

振り返り

①共有した説明を基に，データを活用してリレーの選手をどのようにして決めることができるかをノートにまとめさせる。

◇まとめている間に机間指導して記述内容を把握する。その際，「利用した数学の内容」と「判断した理由を説明する方法」について確認する。「何を利用するかによって判断が異なる」ことや「代表値だけではなく分布の傾向を考えることも大切である」ことを記述している子どもがいれば，全体で取り上げたい。

②各自でノートにまとめたことを発表させ全体で確認する。

◇次の点を確認したい。

・代表値などを用いてデータを比較し判断したこと
・ヒストグラムを用いて傾向をつかみ判断したこと
・理由を説明するときには，「何を使ったか」，「それを比較した結果はどうであったか」，「比較した結果をどう読み取ったか」を明確にすること
・比較した結果をどう読み取るかによって判断が異なることがあること

◇「判断が異なることがあること」について，「結局どちらでもよいこと」と受けとめる子どももいるので，比較した結果をどう読み取るかという解釈の重要性を示し，不確定な事象については，解釈の仕方によって異なる結論が導かれる場合があることを指導する。

◇共有の視点からの指導で取り上げた説明の中に，中学校で指導するような，例えば，「範囲」のような概念があれば，ここで用語として扱うことが考えられる。

③本時で取り上げたデータについて，階級の幅を変えたヒストグラムを提示し，このヒストグラムで考えた場合，２人のうちどちらをリレーの選手に選ぶかを考えさせ，ノートにその理由を書かせる。

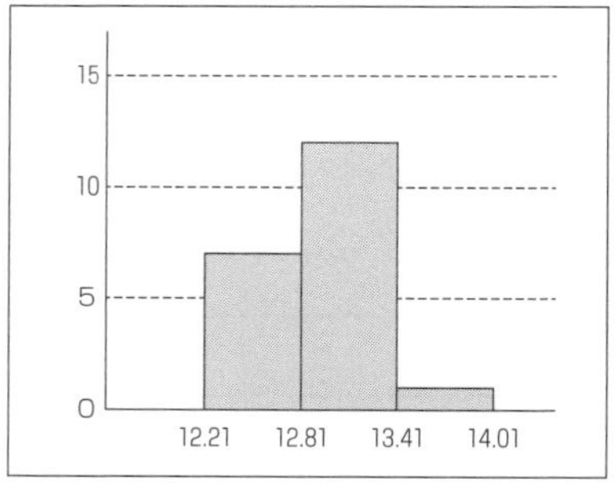

大田くんの記録

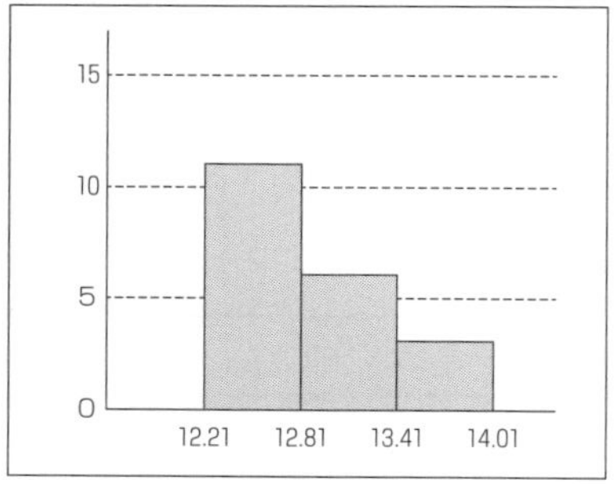

須江くんの記録

◇最後にこの問題を取り上げることで階級の幅とヒストグラムの変化に目を向けさせ，次の授業の指導につなげることを意図している。

◇適用問題ではないので，子どもの説明を取り上げ，比較した結果，読み取れることがこれまでと変わるかどうかを考えさせればよい。

7　実践を通して

○端緒の視点から

・２人のデータだけ示してそこから直感的に予想させた。これについては，本時の学習に対して興味をもたせるために，一定の意味があるように感じられた。どちらにも決められないという子どももいたので，この授業では，そうした子どもが決められるようにするには，どのようにデータを利用すればよいのかを追究することにして授業を進めた。

・データの取り方については疑問に思わないような子どももいる。ここでは，同じ日に連続で20回走った場合のデータと，毎日２回走り10日間に分けて得たデータとでは同じになるかを問い，データの取り方に目を向けさせた。

○解決の視点から

・選んだ理由を説明するためにはどのようなことが必要であるかを確認する場面では，「理由の中には，どんなことを書く必要があるだろう」と発問したが，「速いと思ったのはなぜか」というように，聞いていることをそのまま答えるような子どももいた。ここでは，教師側からの指導として理由を説明するときの視点を示し，それを子どもに意識させ，次第に自分の力で理由を説明できるようにしていくことが必要であると感じた。

・理由を説明するときに用いる事柄を，端緒の視点からの指導の際に意図的に板書して残しておくことで，解決の視点からの指導の際にそれを用いて注意を喚起することは，解決が進まない子どもに有効であった。

・同じ方法で解決している（または，しようとしている）子どもを集め，その中で共有させることは，数学が苦手な子どもにとっては，考えを深めることにつながり，数学的活動を進めることにつながったと感じた。

○共有の視点から

・共有の視点からの指導で，最初に決めたペアで説明を共有させたことは，全ての子どもが代表値やヒストグラムを利用した説明を知ることにつながり，データの活用の導入の授業として意味のある活動になった。また，聞く側の子どもにはメモを取らせたことによって，理由を説明する際の視点を意識することができたようであった。

○振り返りの視点から

・振り返りの視点からの指導で，どのようにして本時の問題を解決できたかをノートに書かせ，それを全体で共有することは，数学の内容や方法のまとめとして有効であると感じられた。

・階級の幅を変えたヒストグラムを提示することにより，子どもたちの興味が高まり，次の学習につなげることができた。

（鈴木　誠）

情報を表に整理して，等しい関係を捉えよう

1 本時の位置付け

第２学年の連立方程式の活用では，立式の指導が重要である。そのためには，ある数量に着目し，その関係を捉えるために表や線分図などを使って情報を整理し，捉えた関係を式で表すことができるようにする指導が求められる。

そこで，本事例では連立方程式の活用場面における，速さ・道のり・時間に関する問題を取り上げ，表をつくり立式することを数学的活動を通して指導する。速さ・道のり・時間に関する問題は，多くの教科書で扱われており，子どもが与えられた情報の中から数量の関係を捉えられるようにするための指導にも適した教材である。

数量の関係を捉えるためには，線分図を用いることも考えられるが，本事例では表を取り上げる。それは，子どもにとって自分の力で表を完成することが，それ程容易なことではないからである。ここでは，提示された連立方程式の誤りを指摘することから，表を用いて数量の関係を把握し直し，正しい連立方程式を立式する活動を重視して指導することを考えた。

2 単元の指導計画（全13時間扱い）

1　連立方程式
①連立方程式とその解……………………２時間
②連立方程式の解き方……………………５時間

2　連立方程式の活用
①個数や代金に関する問題……………１時間
②料金に関する問題………………………１時間
③速さ・道のり・時間に関する問題…１時間（本時）
④割合を用いた問題………………………１時間

3　練習問題…………………………………２時間

3 本時の目標

表を用いて情報を整理し，数量の関係を捉え，連立方程式を立式して問題を解決することができる。

4 展開の概要

端緒

○速さ・道のり・時間の３つに関する数量の情報を提示し課題に取り組ませる。

課題
Ａくんは，７時53分に家を出発し，中学校へ歩いて登校します。Ａくんは，朝の予鈴と同時に学校に到着できますか？

○課題を解決するための誤った連立方程式を提示し，その連立方程式で課題が解決できるかどうか予想させる。

問題
Ａくんは歩く道のり x m，走る道のりを y mとして，連立方程式を使って求めることにしました。
Ａくんがつくった連立方程式は正しいでしょうか？

$$\begin{cases} \frac{x}{200}+\frac{y}{50}=22 \\ x+y=1400 \end{cases}$$

ポイント
・問題の場面を使って，速さ・道のり・時間の関係を復習する。
・具体的な数で予想し，結果の見通しをもたせたところで，連立方程式が正しいかどうかを考えさせる。

解決

○Ａくんの二元一次方程式がどのような数量の関係を表しているかを問いながら，表の欄を順に付け加え，拡大していく。

	歩く	走る	全体
速　さ（m／分）	50	200	

↓

	歩く	走る	全体
速　さ（m／分）	50	200	
時　間（分）			

↓

○完成した表を基に，Ａくんの連立方程式が正しいかどうかを考えさせる。

ポイント　Ａくんの立てた連立方程式を表に整理して解釈させ，連立方程式の誤りを明らかにさせる。

共有

○Ａくんの立式の誤りを表を使って説明させ，全体で確認する。

○表を修正して正しい連立方程式を立式させ，その解を求めてＡくんの歩く道のりと走る道のりを求めさせる。

○正しい答えを確認し，連立方程式を活用して問題を解くときの手順を再度確認する。
・分かっている情報を表や図に表し，数量の関係をつかむ。
・何を文字にするかを決める。
・方程式をつくる。
・方程式を解く。
・解の吟味をし，答えを導く。

ポイント
・ゼロからの立式ではなく，誤りを正すことで，連立方程式を導く。
・この問題に限らず，連立方程式を活用して問題を解くときの手順を理解できるようにする。

振り返り

○速さ・道のり・時間に関する問題を，連立方程式を活用して解決する際のポイントを考えさせる。

○適用問題を解決させる。

新しい問題
ある町で，自転車とランニングを組み合わせた競技の大会を企画しています。全長50kmのコースを，前半は自転車で走り，途中で自転車を降りて後半はランニングで競います。
自転車は時速20km，ランニングは時速10kmで走る人がちょうど３時間でゴールできるようにするには，自転車で進む道のりとランニングで走る道のりをそれぞれ何kmに設定したらよいでしょうか。

ポイント　これまでの「式→表」の順に考えた学習を活かし，「表→式」の順で考えて，速さ・道のり・時間に関する連立方程式を立式し，問題を解決できるようにする。

5 板書計画と経験させたい活動

経験させたい活動	端緒	解決	共有	振り返り
予想する	○			
表を使って情報を整理する		○	○	○
理由を説明する			○	

6 展開の詳細

端緒

①速さ・道のり・時間の３つの数量についての情報を提示し，課題に取り組ませる。

◇子どもとやり取りしながら，場面を想定し，情景図を使って次の情報を与える。

・Ａくんの家から学校までの道のり……1.4km
・Ａくんが家を出発する時刻……７時53分
・学校の予鈴が鳴る時刻……８時15分
・Ａくんの歩く速さ……分速50m
・Ａくんの走る速さ……分速200m

◇上の情報を基に，課題を示す。

課題

Ａくんは，７時53分に家を出発し，中学校へ歩いて登校します。Ａくんは，朝の予鈴と同時に学校に到着できますか？

◇この課題に取り組ませるのは，速さ，道のり，時間の３つの数量とその関係を具体的な場面で確認するためである。

◇絵や図などに情報を書き込みながら，子どもが３つの数量の関係をつかみやすいようにする。（板書計画参照）

◇情報を基に具体的な数で計算させることで，「時間＝道のり÷速さ」「道のり＝速さ×時間」などの関係を振り返られるようにする。

②課題では予鈴に間に合わないことを確認し，半分（700m）歩き，半分（700m）走れば，予鈴と同時に到着できるか予想させ，確かめさせる。

◇その結果から，子どもが「走る道のりをもう少し減らしても大丈夫そうだ」という見通しをもてるようにする。

③課題を解決するためにＡくんがつくった連立方程式を提示し，Ａくんの立式は正しいかどうか予想させる。

◇②のように，いろいろな数を代入しながら考えるのは大変であることを確認してから問題を提示すると，連立方程式を用いる必要性が生まれる。

問題

Ａくんは歩く道のりを x m，走る道のりを y mとして，連立方程式を使って求めることにしました。

Ａくんがつくった連立方程式は正しいでしょうか？

$$\begin{cases} \frac{x}{200}+\frac{y}{50}=22 \\ x+y=1400 \end{cases}$$

解決

①Aくんがつくった連立方程式を解釈するために，速さについての情報を表に整理する。

	歩く	走る	全体
速　さ（m／分）	50	200	

◇ここで「表をつくって考えよう」と投げかけても，情報量が多く，どのように表をつくったらよいか分からない子どもが多い。そこで，ここでは逆にAくんの連立方程式を解釈するために，表をつくる過程を経験させ，問題解決の見通しをもたせたい。

◇このとき，全体の欄に何を書けばよいかを問いながら，速さをたすことはできないことも確認しておく。

②Aくんの立式した「$\frac{x}{200}+\frac{y}{50}=22$」と「$x+y=1400$」はそれぞれ何の関係を表しているかを問いながら，表に時間と道のりの欄を順に付け加えていく。

	歩く	走る	全体
速　さ（m／分）	50	200	
時　間（分）			
道のり（m）			

◇「時間」と「道のり」の欄を同時に付け加えるのではなく，Aくんの連立方程式を読みながら，例えば，「22は時間を表しているから，$\frac{x}{200}+\frac{y}{50}=22$は時間の関係では…」のように予想させ，順に表を拡大していくとよい。

③「Aくんの式が表していることを，この表に表すとどんな表になるだろう」と発問し，下のように表を完成させ，Aくんの連立方程式が正しいかどうかを考えさせる。

	歩く	走る	全体
速　さ（m／分）	50	200	
時　間（分）	$\frac{x}{200}$	$\frac{y}{50}$	22
道のり（m）	x	y	1400

◇机間指導しながら，以下のような子どもの実態を把握し，それぞれ対応をする。

・Aくんの式が正しいと考えている子どもがいる場合には，正しくないと考えている子どもと情報交換させ，表では「速さ×時間＝道のり」の関係が成り立っていないことに気付くことができるようにする。

・Aくんの連立方程式が正しくないことに気付いた子どもは，正しい表に改善させ，連立方程式を立式させる。

・正しい立式までできた子どもは，連立方程式を解かせ，Aくんの歩く道のりと走る道のりを求めるように促す。

共有

①Aくんの立式の誤りを表を使って説明させ全体で確認する。

◇子どもの発表内容から，次の誤りを共有させたい。
- ・歩く時間と走る時間の表し方が誤っていること
- ・「速さ×時間＝道のり」の関係が成り立っていないこと

②表を修正して正しい連立方程式を立式させ，その解を求めてAくんの歩く道のりと走る道のりを求めさせる。

	歩く	走る	全体
速　さ（m／分）	50	200	
時　間（分）	$\frac{x}{50}$	$\frac{y}{200}$	22
道のり（m）	x	y	1400

$$\begin{cases} \frac{x}{50}+\frac{y}{200}=22 \\ x+y=1400 \end{cases}$$

◇表を修正したことで，連立方程式のどの部分を修正すればよいのかを問い，正しい連立方程式を導きたい。

◇ここで立式はできたが，正しい答えを導き出していない子どもが予想されるため，正しい連立方程式を解く時間を確保し，解の吟味まで行わせる必要がある。

> 連立方程式を解くと $(x,\ y)=(1000,\ 400)$
> 歩く道のりが1000m→歩く時間は20分
> 走る道のりが400m→走る時間は２分
> 全体の時間→20＋２＝22分。予鈴と同時に学校に到着することができる。
> よって，歩く道のりは1000m，走る道のりは400m

◇解決の視点からの指導で，正しい答えを導いていた子どもに，Aくんの誤った連立方程式を解くとどのような答えになってしまうのかを求めさせておき，ここで取り上げることで，子どもの理解を深めることができる。

③連立方程式を活用して問題を解くときの手順を確認する。

◇以下の内容を，板書と対応させながら確認する。
- ・分かっている情報を表や図に表し，数量関係をつかむ。
- ・何を文字にするかを決める。
- ・方程式をつくる。
- ・方程式を解く。
- ・解の吟味をし，答えを導く。

◇本時で連立方程式の活用の指導は３時間目になるが，毎時間同じ手順を適用していることを確認し，理解を深めさせたい。

振り返り

①速さ・道のり・時間に関する問題を，連立方程式を活用して解決する際のポイントを考えさせる。

◇以下のようなことを確認できるようにしたい。

・問題から，速さ・道のり・時間を取りだし，表にまとめ，その関係を捉える。

・表から捉えた速さ・道のり・時間の関係を基にして，連立方程式をつくる。

②適用問題を解決させる。

新しい問題

ある町で，自転車とランニングを組み合わせた競技の大会を企画しています。全長50kmのコースを，前半は自転車で走り，途中で自転車を降りて後半はランニングで競います。

自転車は時速20km，ランニングは時速10kmで走る人がちょうど3時間でゴールできるようにするには，自転車で進む道のりとランニングで走る道のりをそれぞれ何kmに設定したらよいでしょうか。

◇問題はワークシートに印刷して配付する。子どもの学習の状況を確認するため，授業終了時に回収する。

◇問題の内容については全体で確認し，大会の企画者の立場でコース設定に取り組んで欲しいことを伝え，問題の解決に意味をもたせる。

◇机間指導し，自転車で進んだ道のりを $x$km，走った道のりを $y$km として次のような表をつくり，それを基に連立方程式を立式できているか確認する。

	自転車	走る	全体
速　さ（km/時）	20	10	
時　間（時間）	$\frac{x}{20}$	$\frac{y}{10}$	3
道のり（km）	x	y	50

$$\begin{cases} \frac{x}{20}+\frac{y}{10}=3 \\ x+y=50 \end{cases}$$

連立方程式を解くと $(x,\ y)=(40,\ 10)$

自転車で進む道のりが40km→自転車に乗っている時間は2時間

走る道のりが10km→走る時間は1時間

全体の時間→2＋1＝3時間。ちょうど3時間でゴールできる。

よって，自転車で進む道のりは40km，走る道のりは10km

◇適用問題を解くことができた子どもには，3時間ではなく2時間でゴールできるコースはつくれるかを考えさせ，解に矛盾が生じることから解を吟味することの大切さに気付かせたい。

7　実践を通して

○端緒の視点から

・速さ・道のり・時間の３つの数量の関係について，情景図を用いて確認したので，子どもは問題の場面把握はしやすかったようである。また，課題に取り組ませ「道のり＝速さ×時間」の関係を復習したことで，解決の視点からの指導では，計算方法でつまずく子どもは見られなかった。

・問題を提示した後，Ａくんの立式が正しいかどうか予想させたところ，１割の子どもが「正しい」と予想し，５割の子どもが「正しくない」と予想し，４割の子どもが「よく分からない」と予想した。半数の子どもが誤りに気付いたということは，問題が易しすぎた可能性もある。子どもの学習の状況に合わせて，式の誤り方を変えたり，情報過多にしたりするなど，子どもが表に整理し，調べたくなるような問題の工夫をする必要がある。

○解決の視点から

・初めから表の全体を示すのではなく，表の欄を順々に付け加えていくことで，全員が表を完成することができた。ここでは，連立方程式の正誤を，表に整理することで子どもが確認できるようにすることが大切である。そのため，「Ａくんの連立方程式のそれぞれの式は，何の関係を表しているか」を問い，Ａくんの連立方程式を解釈しながら，表を拡げていくことが重要であることが分かった。

・Ａくんの連立方程式が正しいと思っている子どもの中には，Ａくんの連立方程式を解き，歩く道のりは400m，走る道のりは1000mと答えを導いている子どもがいた。そのような子どもには，端緒の視点からの指導で確認した「半分（700m）も走らなくてもよさそうだ」という結果を振り返って考えることができるようにすることが必要である。

○共有の視点から

・誤りの指摘だけでなく，「なぜ，そうするといけないのか」という理由の説明の記述まで求めたが，期待していた説明を書ける子どもは少なかった。現状では，子どもには口頭で説明させ，文字式が誤った数量を表していることや数量関係が成り立たないことが共有できれば十分であると感じた。

○振り返りの視点から

・多くの子どもの振り返りから「表にまとめることで数量関係をつかみやすくなり，立式がしやすくなる」ということを実感できたようである。

・端緒の視点からの指導に時間を取り過ぎ，適用問題の解決に十分な時間が取れなかった。少なくとも全員が適用問題の立式までは到達できるよう，各視点からの指導を見直したい。

（油井　幸樹）

2年 図形 図形の性質と証明

四角形と面積の等しい三角形をつくることができるかな？

1 本時の位置付け

平行線と面積の関係は，学習指導要領の内容として示されていないが，教科書には必ず掲載されているある意味不思議な内容である。若い教師でも「等積変形」を知らない方はいないだろうが，こうした教育課程上の位置付けはあまり知られていないようである。

内容としては，これまでの図形の性質の考察に比べ，面積という量に着目することから直観的に捉えやすく，既習事項にあまりとらわれることなく，トピック的に取り組むことができる。ここまで学習してきた証明を苦手とする子どもにとっても根拠を明らかにして説明する活動に取り組みやすいと考えられる。

本事例では，平行線と面積の関係の指導の２時間目として，四角形と面積の等しい三角形をつくる方法と，なぜそのようにすれば面積が等しくなるのかを説明することを取り上げる。そのために，前時の授業で，与えられた三角形と面積の等しい（合同でない）三角形をつくることを指導し，これを既習事項として発展的に考え，子どもが主体的に活動に取り組めるように工夫した。

2 単元の指導計画（全18時間扱い）

1　三角形……………………………………７時間

2　四角形
　①平行四辺形の性質………………………２時間
　②平行四辺形になる条件…………………３時間
　③長方形，ひし形，正方形………………２時間
　④平行線と面積……………………………２時間（本時２／２）

3　練習問題…………………………………２時間

3 本時の目標

平行線と面積の関係を根拠にして，四角形と面積の等しい三角形をつくるにはどうすればよいか説明することができる。

4　展開の概要

端緒

○前時の授業で「平行線と面積の性質」をまとめ，利用できるようにしておく。
○与えられた三角形と面積の等しい三角形をつくれたことから，課題を示す。

> **課題**
> 与えられた四角形と面積の等しい三角形をつくることはできるだろうか？

○実際に図をかくなど試行錯誤させて，本時の問題を知らせる。

> **問題**
> 四角形ＡＢＣＤの辺ＢＣをＣの方に延長した直線上に点Ｅを取り，四角形ＡＢＣＤ＝△ＡＢＥが成り立つようにするには，点Ｅをどこに取ればよいだろう。（図略）

ポイント　試行錯誤する過程で２つの三角形の面積の関係を捉え，解決の方針に結び付けられるようにする。

解決

○全体で解決の方針を立てる。

○子どもの活動として次の３つの状況を想定し，指導の仕方を事前に決めておき，机間指導しながら必要に応じて対応する。
・根拠となる既習事項が見つからない（何をすればよいか分からない）。
・既習事項の「平行線と面積の性質」をどのように適用すればよいか分からない。
・点Ｅの位置を求めることで終わりにしている。

○机間指導を通して，解決の結果を共有する段階で生かす情報を把握する。

○個別対応以外の手立てを取り入れる。

ポイント　・既習事項である「平行線と面積の性質」を利用できるようにする。
・個人解決の場面で机間指導する際，子どもの活動の状況を想定して対応する。

共有

○子どもに点Ｅを取る手順を説明させ，教師がその説明に沿って板書する。

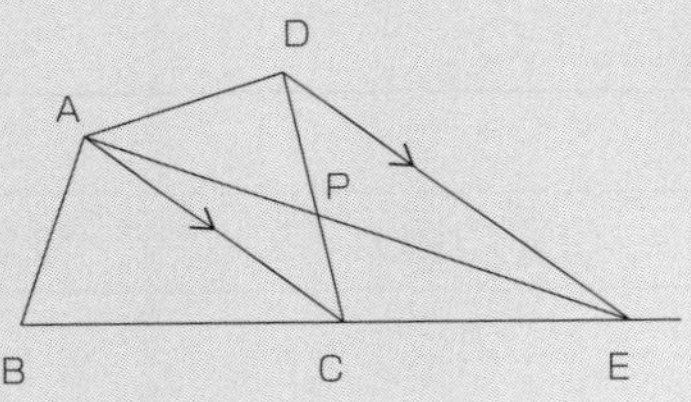

○黒板の図を見ながらを点Ｅを取る手順を板書する。
・２点Ａ，Ｃを結ぶ。
・点Ｄを通り，直線ＡＣに平行な直線を引く。
・その直線と直線ＢＣの交点を点Ｅにすればよい。

○「なぜそのように点Ｅを取ったのか？」「なぜその取り方でよいのか？」を問い，点Ｅの取り方が正しい理由を，手順と対応させながら説明をさせる。

ポイント　点Ｅを取る手順の説明と，その手順が正しい理由の説明を明確に分けて指導する。

振り返り

○点Ｅの位置を求めることができたのはなぜかを確認する。
○発展的に考え，新たな課題を示す。

> **新しい課題**
> 与えられた五角形と面積の等しい三角形をつくることはできるだろうか？

○前問題で解決したこと自体を既習事項として利用し，新しい問題を設定する。

> **新しい問題**
> 五角形ＡＢＣＤＥの辺ＣＤをＤの方に延長した直線上に点Ｆを取り，五角形ＡＢＣＤＥ＝四角形ＡＢＣＦとなるようにするには，点Ｆをどこに取ればよいだろう。（図略）

ポイント　・問題を解決するのに大切だったことを明らかにする。
・発展的に考えて新しい課題を設定し，新しい問題を解決する。

5 板書計画と経験させたい活動

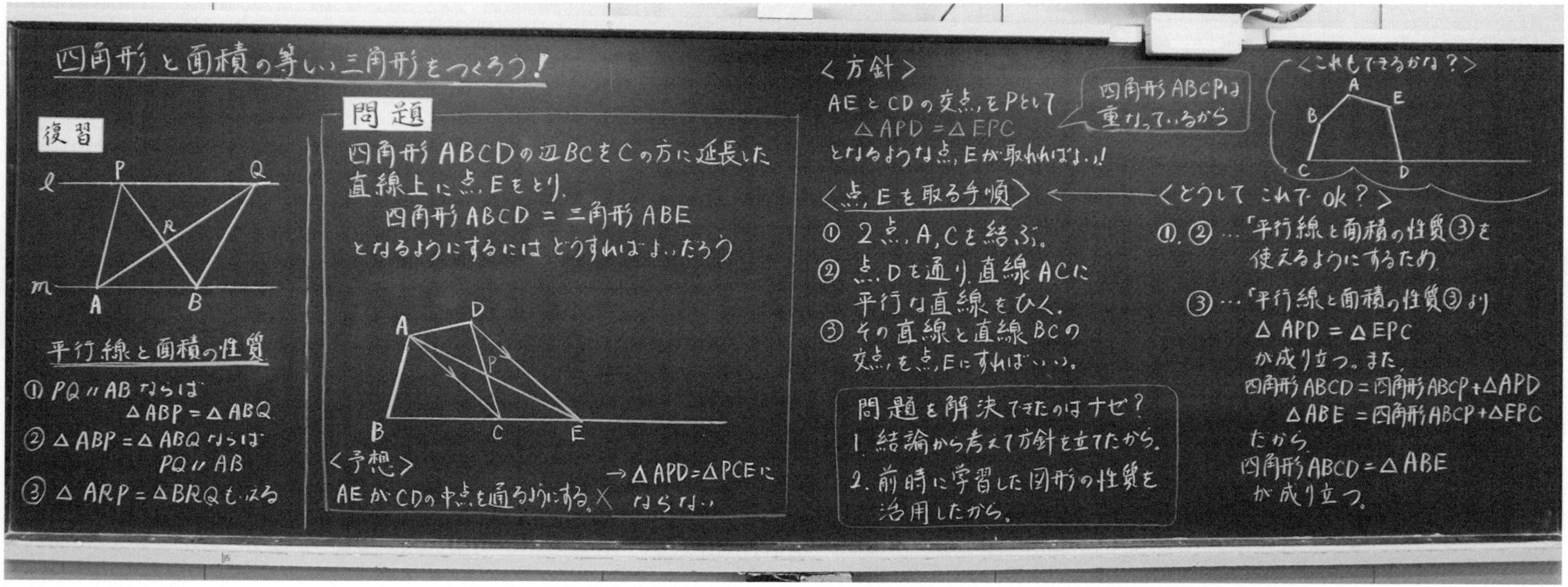

経験させたい活動	端緒	解決	共有	振り返り
発展的に考えて問題を見いだす	○			○
方針を立てる		○		○
手順を説明する		○	○	
理由を説明する		○	○	

6　展開の詳細

端緒

【前時】

①下の図のように，直線ℓ上に２点Ｐ，Ｑを取って，それぞれの点を直線で結び，面積の等しい三角形を探させる。

②各自で図をかかせて自由に予想させ，次の２つに焦点化する。

ア　△ＡＢＰ＝△ＡＢＱでは？

イ　ＡＱとＢＰの交点をＲとすると，△ＡＰＲ＝△ＢＱＲでは？

◇「△ＡＢＲ＝△ＰＱＲでは？」を取り上げ，反例をあげてこれを否定することで，「アとイはいつでも成り立つのか？」という疑問が生じ，確かめる必要性がはっきりする。

③アを次の問題１のように整理し，解決に取り組ませる。

問題１

右の図でℓ//ｍであるとき，△ＡＢＰ＝△ＡＢＱであることを説明しよう。

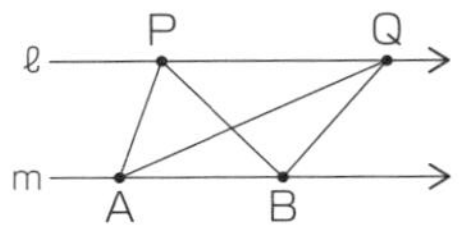

④問題１の逆を問題２，イを問題３として解決に取り組ませる。さらに，問題１～３で説明した事柄を「平行線と面積の性質１～３」としてまとめ，本時の説明の根拠として使えるようにする。

【本時】

①前時を振り返り，与えられた三角形と面積の等しい（合同でない）三角形をつくれることを確認し，次の課題を取り上げる。

課題

与えられた四角形と面積の等しい三角形をつくることはできるだろうか？

②右図のように，四角形ＡＢＣＤの辺ＢＣの延長線上に点E_nを取りながら，△ＡＢE_nと四角形ＡＢＣＤの面積が等しくなる位置を予想させる。

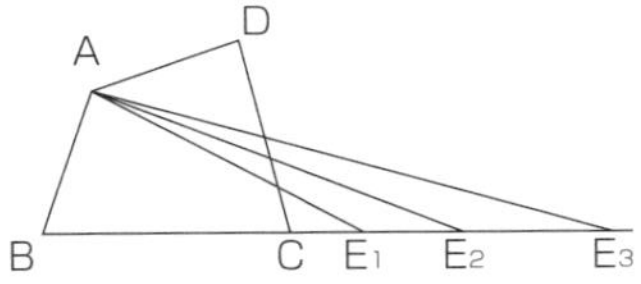

◇ＩＣＴを活用し，面積の変化を視覚的に捉えられるようにする。

◇「ＡＥがＣＤの中点を通るようにする」と予想する子どもが多いと考えられるのでこれを取り上げ，うまく行かないことを確認する。その過程で，「四角形ＡＢＣＤと△ＡＢＥ」の面積の関係から，「△ＡＰＤと△ＥＰＣ」（点ＰはＣＤとＡＥの交点）の面積の関係に着目させ，解決の方針につなげることを大切にする。

③本時は次の問題の解決に取り組むことを知らせる。

問題

四角形ＡＢＣＤの辺ＢＣをＣの方に延長した直線上に点Ｅを取り，四角形ＡＢＣＤ＝△ＡＢＥが成り立つようにするには，点Ｅをどこに取ればよいだろう。（図略）

解決

①全体で次のような解決の方針を立てる。

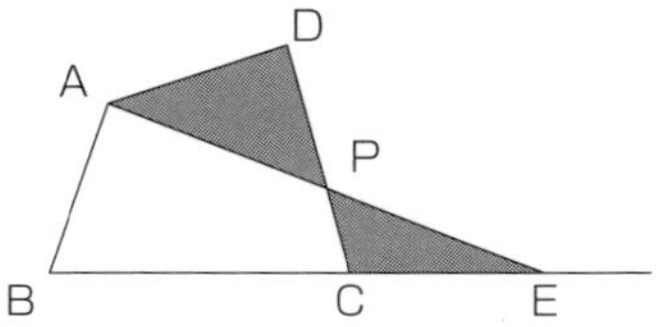

・「四角形ＡＢＣＤ＝△ＡＢＥ」になるためには，２つの図形の重なっていない部分の面積が等しくなればよい。

・つまり，「△ＡＰＤ＝△ＥＰＣ」となる点Ｅが取れればよい。

◇端緒の視点から，点Ｅを動かしながら四角形と三角形の面積が等しくなる場合を探させた指導の過程でこの方針に気付かせたい。

②既習事項である「平行線と面積の性質１～３」を基にして，「△ＡＰＤ＝△ＥＰＣ」となるような点Ｅの位置を個別に求めさせる。

◇この段階で「平行線と面積の性質１～３」を明示するかどうかや，「平行線と面積の性質３」が利用できそうであることを全体で確認するかどうかは，子どもの学習の実態に応じて考える。

③子どもの活動として次の３つの状況を想定し，机間指導で対応する。

・根拠となる既習事項が見つからない（何をすればよいか分からない）。

→次のように問いかけ，根拠となる事柄に着目させる。「前の時間に勉強した『平行線と面積の性質１～３』の中で，こんな形（  ）の２つの三角形の面積が等しくなることがなかったかな？」「２つの三角形の面積が等しくなるには，どんな条件が必要だったっけ？」

・「平行線と面積の性質３」をどのように適用すればよいか分からない。

→次のように問いかけ，根拠となる事柄を適用するための条件を整理させる。「『平行線と面積の性質３』の図とこの問題の図で違っているところはどこだろう？」「点Ａと点Ｃ，点Ｄと点Ｅをそれぞれ結んで比べたらどうかな？」「『平行線と面積の性質３』で２つの三角形の面積が等しくなるためには，どんな条件が必要だった？」

・点Ｅの位置を求めることで終わりにしている。

→次のように問いかけ，問題解決の過程をまとめさせる。「なぜその位置に点Ｅを取ると，四角形ＡＢＣＤ＝△ＡＢＥになるのか説明できる？」「『平行線と面積の性質３』をどこでどのように使っているの？」「点Ｅの位置の求め方と，それが正しい理由の説明をノートに書いてごらん」

④教師の個別対応以外に，以下の手立てを取り入れる。

・個別での取組がある程度進んだ段階で，周囲との相談を認める。

・子どもの取組に応じて，「○○さんに聞いてごらん」のように，アドバイスをもらう子どもを指示する。そのためにも，机間指導で子どもの取組を把握することが大切である。

共有

①子どもに点Ｅを取る手順を説明させ，教師がその説明に沿って板書する。

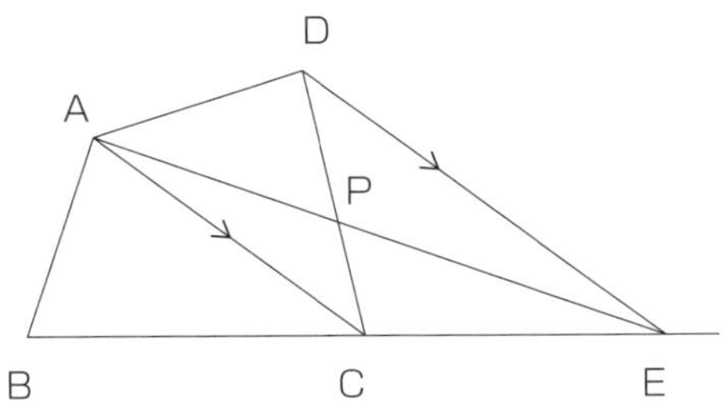

◇②で点Ｅを取る手順を言語化することを見通して，子どもに説明させ，教師が板書する。説明する子どもは，解決の視点からの指導で机間指導した際に事前に決めておく。

②黒板の図を見ながら点Ｅを取る手順を板書する。

> **点Ｅを取る手順**
> ア　２点Ａ，Ｃを結ぶ。
> イ　点Ｄを通り，直線ＡＣに平行な直線を引く。
> ウ　その直線と直線ＢＣの交点を点Ｅにする。

◇①の点Ｅを取る過程を振り返り，整理しながら板書する。
◇③で点Ｅの取り方が正しい理由を説明する段階では，手順と対応付けながら考えるので，明確にしておくことが必要である。

③「なぜそのように点Ｅを取ったのか？」「なぜその取り方でよいのか？」を問い，点Ｅの取り方が正しい理由を手順と対応させながら説明をさせる。

・手順アとイによって，「平行線と面積の性質３」を利用することができる。

・したがって，手順ウの点Ｅについて，

△ＡＰＤ＝△ＥＰＣ　…㋐

が成り立つ。また，

四角形ＡＢＣＤ＝四角形ＡＢＣＰ＋△ＡＰＤ　…㋑

△ＡＢＥ　　　＝四角形ＡＢＣＰ＋△ＥＰＣ　…㋒

だから，㋐，㋑，㋒より，

四角形ＡＢＣＤ＝△ＡＢＥ

が成り立つ。

◇説明は，机間指導の過程で確認した子どもに発言させながら全体で完成させる。
◇説明を完成させる過程では，あえて不完全な説明をつくり，よりよい説明に改善していくことも考えられる。例えば，㋐のみから「四角形ＡＢＣＤ＝△ＡＢＥ」とする説明を示し，㋑と㋒を補うことの必要性を考えさせてもよい。
◇ここでは，手順の説明と理由の説明を明確に分けて指導する。そして，問題を解決する際には，その手順の説明だけでなく，着想や根拠を明確にして，その手順が正しいことの理由を説明することも大切であることを指導したい。

振り返り

①点Ｅの位置を求めることができたのはなぜかを確認する。

・結論である「四角形ＡＢＣＤ＝△ＡＢＥ」を，「△ＡＰＤ＝△ＥＰＣ」に置き換えて考えることができた。

…結論から逆向きに考えること。

・平行線と面積の性質を利用することができたから。

…既習事項から利用できるものを選び出すこと。

◇自分で解決できなかった子どもの「なぜ求めることができなかったのか？」にも目を向けさせたい。できたことだけでなく，できなかったことを基に，陥りやすい誤りを全体で共有し，以後の学習の注意点を明らかにする。

②「三角形も四角形も，面積の等しい三角形に変形することができたのだから…」と発展的に考え，次の新しい課題を示す。

新しい課題

与えられた五角形と面積の等しい三角形をつくることはできるだろうか？

◇学んだことを適用して発展的に考え，新たな課題をつかみ問題を解決することで，子どもの深い学びに結び付ける場面を設定することを大切にしたい。

③実際に五角形をかかせるなどして，子どもに自由に予想させる。

◇ここで大切にしたいのは，「与えられた四角形と面積の等しい三角形をつくることはできたのだから，与えられた五角形と面積の等しい四角形をつくることができるかどうかを考えればよい」という考えを子どもから引き出すことである。前問題で解決したこと自体を既習事項にしたい。

④新しい問題を次のように設定する。

問題

下の図のように，五角形ＡＢＣＤＥの辺ＣＤをＤの方に延長した直線上に点Ｆを取り，五角形ＡＢＣＤＥ＝四角形ＡＢＣＦとなるようにするには，点Ｆをどこに取ればよいだろう。

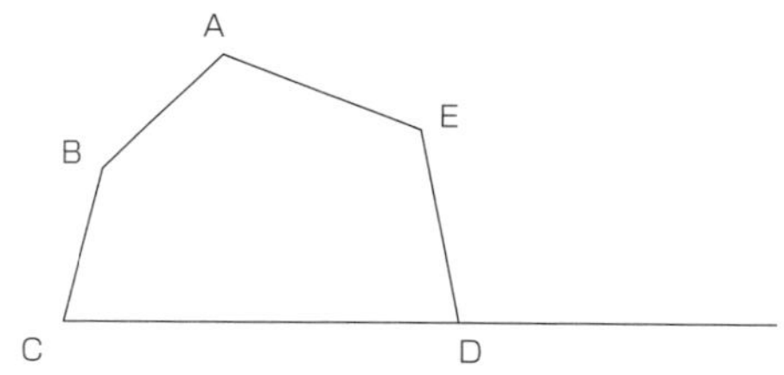

◇全体で，前問題を参考に解決の方針を立てるところまで確認する。ワークシートを準備し，各自で解決させて授業の最後に回収する。

◇余裕のある子どもには「五角形→四角形」だけではなく，「四角形→三角形」まで等積変形するように促す。

7　実践を通して

○端緒の視点から

・前時を振り返りながら「与えられた三角形と面積の等しい三角形をつくれるようになったけど，与えられた四角形と面積の等しい三角形はつくれるかな？」と発問すると，多くの子どもの意見は「できる」だったので，自然に授業に入って行くことができた。

・子どもからは予想通り「ＡＥがＣＤの中点を通るようにすればよい」との意見が出たので，GeoGebra を使って図形を提示し，直線ＢＣ上の点Ｅを動かしながら考察してこの考えが正しくないことを確認したが，子どもにとっては意外な結果だったようである。

○解決の視点から

・端緒の視点から，四角形ＡＢＣＤと△ＡＢＥの面積の関係を，△ＡＰＤと△ＥＰＣの面積の関係に置き換えることを指導できたので，解決の方針が立てやすくなった。この時点で「『平行線と面積の性質３』が使えそう」との声が子どもから出てきたが，あえて全体で確認はしなかった。

・机間指導をすると，比較的多くの子どもが点Ｅを取ることができていたが，なぜ四角形ＡＢＣＤと△ＡＢＥの面積が等しくなるのかまで説明できる子どもは少数だった。

・そこで，周囲の仲間と相談してもよいことを告げ，そのようにして点Ｅを取ると，なぜ四角形ＡＢＣＤと△ＡＢＥの面積が等しくなるのか説明できるようにして欲しいことを伝えた。

○共有の視点から

・解決の視点から机間指導する間に，点Ｅを取る手順を説明する子どもと点Ｅの取り方が正しい理由を説明する子どもを決めておいた。手順の説明は予定通り進んだが，理由の説明は子どもに板書させたこともあり予想以上に時間を要した。実物投影機を使って説明そのものの時間をもっと確保するべきだったかもしれない。

・本時の目標は説明することであるが，この説明では図形の性質の証明ほどの厳密さは求めておらず，平行線と面積の関係を根拠にして，四角形と三角形の面積が等しくなる理由を示せればよい。しかし，子どもの中には手順の説明と理由の説明の区別がついておらず，手順の説明ができれば理由も説明できていると考えているのではないかと思われる子どももいて混乱がみられた。証明の指導の後だけに教師としてこれまでの指導に不安を感じた。

○振り返りの視点から

・自力解決できなかった子どもから，「『平行線と面積の性質３』が使えそうだとは思ったけれど，平行線を引けばよいことに気付かなかった」という発言があり，定理を適用するためには，その仮定の条件を整える必要があることを確認することができた。

・共有の視点からの指導に時間を要したため，新しい問題を宿題にしなければならなかったことが一番の課題である。　（須江　直喜）

グラフから式を求めよう

1 本時の位置付け

一次関数の学習では，式を基にしてグラフをかくことの学習に続き，グラフから式を求めることを指導する。多くの場合，その授業では，「傾きと切片が分かるとき」「傾きと１点の座標が分かるとき」「２点の座標が分かるとき」といった条件が順番に与えられ，それぞれの場合についてどのようにして一次関数の式を求めることができるのかを指導するという流れになる。

こうした指導は，グラフから式を求める技能を短時間で習得させるためには有効かもしれないが，なぜそのような条件で整理できるのかは子どもには分からず，受け身の学習になりがちである。こうした点を改善するためには，数学的活動を通した指導が有効ではないかと考え，本事例を作成した。

本事例では，教科書では天下り式に与えられている条件を，子ども自身が見つけ出すことを目指す。条件が曖昧なグラフを与えることにより，どのような条件を加えれば式を求めることができるかを子どもが主体的に考えられるようにしたい。

2 単元の指導計画（全17時間扱い）

1　一次関数とグラフ
①一次関数……………………………２時間
②一次関数の値の変化………………３時間
③一次関数のグラフ…………………２時間
④一次関数の式を求めること………３時間（本時１／３時）
2　一次関数と方程式
①方程式とグラフ……………………２時間
②連立方程式とグラフ………………１時間
3　一次関数の利用
①一次関数の利用……………………３時間
4　練習問題……………………………１時間

3 本時の目標

一次関数のグラフから式を求めるには，どのような条件が必要かを考え，グラフから式を求めることができる。

4　展開の概要

端緒Ⅰ

○前時の学習内容を確認する。

課題　$y=3x-2$のグラフをかきなさい。

○前時は，「式からグラフ」を求めたが，本時は逆に「グラフから式」を求められるか考えることを説明し，前時とのつながりを明確にする。

○3つのグラフを示す（図略）。

問題　x軸とy軸の1目盛りが1であるとき，ア，イ，ウの一次関数のグラフからそれぞれの式を求めなさい。

ポイント
・前時の内容と本時の内容を関連付けることにより，「逆はできるか？」を予想させることで，考えることの必要性を感じさせる。
・条件不足のグラフを示し，子どもの興味・関心を高める。

解決Ⅰ

○式を求めるには，グラフから，$y=ax+b$のaとbの値を求めるための条件を読み取ればよいことを全体で確認する。

○イのグラフの式は，何が分かれば求められるかを考えさせる。

○ア，イの式を求めることに個別に取り組ませる。

ポイント　アのグラフから式を求めることを基に，イのグラフから式を求めるにはどのような条件が必要か考えさせる。このことは，アとイのグラフから式を求めることを基に，ウのグラフから式を求めることにつながる。

共有Ⅰ

○ア，イの式をどのようにして求めたのか説明させる。

ポイント　ア，イの解決を最初に行うことで，ウのグラフを求めるために必要な条件を考えるための手がかりにさせる。

端緒Ⅱ

○ウについて個別解決の時間を取った後，ペアで意見交換させる。
○ウの式を求めるにはグラフが通る1点の座標が分かればよいことを確認する。

ポイント　ペアで意見交換する場面をつくることで，自分の考えをまとめ，改善する機会をつくる。

解決Ⅱ

○どうやって式を求めるか方針を立てる。
○ウのグラフが点（5，8）を通るという条件を加え，各自解決に取り組む。

ポイント　グラフと方程式の関係に着目させて方針を立てる。

共有Ⅱ

○ウの式をどのようにして求めたのか説明させる。

ポイント　子どもの説明を，方針に沿って整理する。

振り返り

○ア，イのグラフから一次関数の式を求めるには，どのようにすればよいか，分かったことをノートに書かせる。

○ウのグラフから一次関数の式を求めるとき，どのような条件が必要であったかを確認する。

○適用問題を解かせる。

新しい問題　右のグラフ（図略）が表わす一次関数の式を2通りの方法で求めなさい。

ポイント
・ア，イ，ウを比較し，傾きと切片の両方が分かっていなくても，グラフから式を求められる場合があることを理解させる。
・適用問題で，1つのグラフから2通りの方法で式を導き，異なる方法を用いても同じ式を求めることができることを確認する。

5 板書計画と経験させたい活動

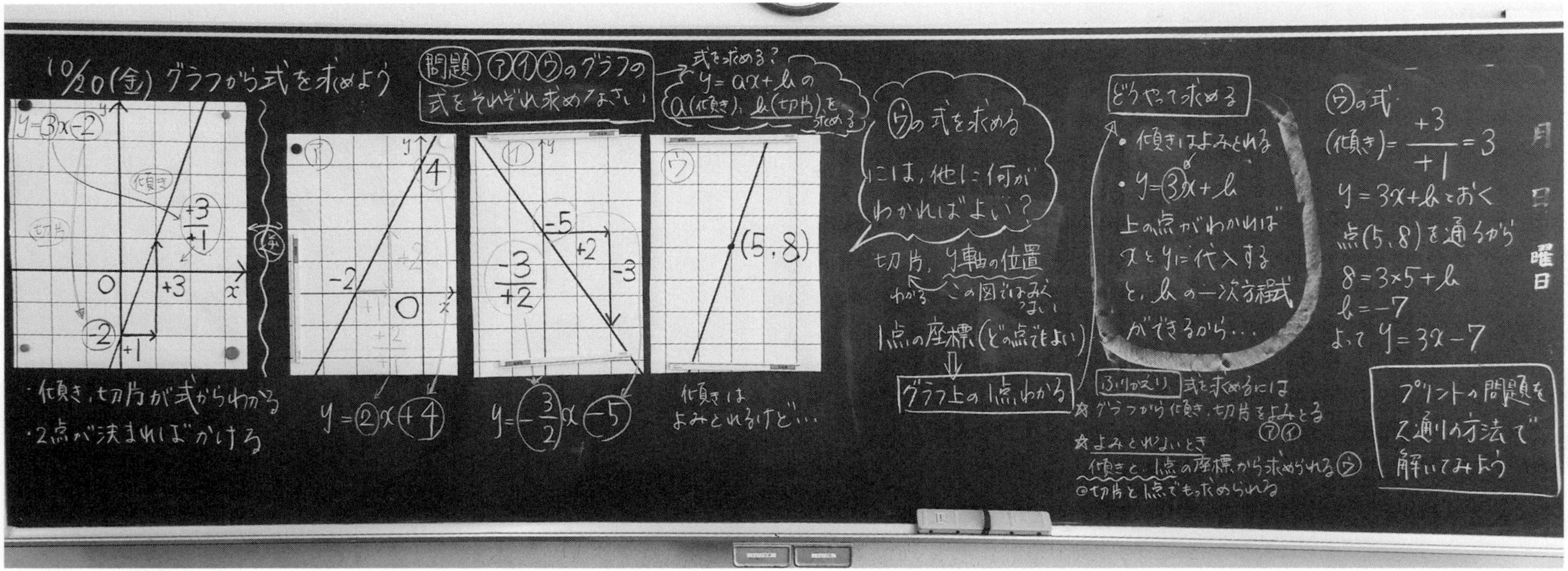

経験させたい活動	端緒	解決	共有	振り返り
発展的に考えて問題を見いだす	○			
方法や手順を説明する		○	○	
方針を立てる		○		
発展的に考える				○

6　展開の詳細

端緒Ⅰ

①前時の学習内容を確認する。

課題　一次関数 $y = 3x - 2$ のグラフをかきなさい。

◇前時の復習なので，個人解決の時間を１，２分だけ取り，その後，$y = 3x - 2$ のグラフをどのようにかけばよいかを確認する。

◇グラフを確認するときには，子どもにかき方を説明させ，それに従って，教師が黒板にグラフをかくことで時間をかけない。

◇グラフをかくために取った点と式のどの部分が対応しているかをはっきりさせたい。黒板のグラフ中に教師が示すことで強調する。

◇式とグラフの関係を前時の復習の中で確認する場面を設けることは，本時の内容であるグラフから式を求めるための手立てとなるので重要である。

②前時は「式からグラフ」を求めたが，本時は逆に「グラフから式」を求められるか考えることを説明し，前時とのつながりを明確にする。

◇前時の内容と本時の内容を関連付け，「逆はできるか？」を予想させることで，子どもに考えることの必要性を感じさせたい。

③３つのグラフがかかれたワークシートを配付する。

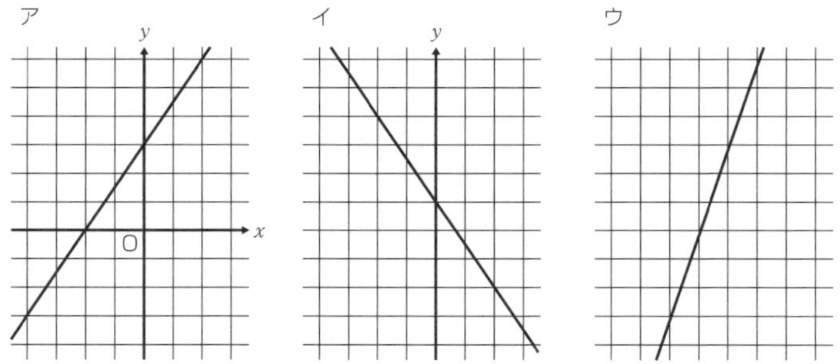

◇ア，イ，ウのどのグラフにも目盛りの数値は示さず条件不足の状態にする。そうすることで，子どもの疑問を引き出し，関心や意欲を高めることをねらっている。また，式を求めるためにはどのような条件が必要であるかに目を向けることにもつなげたい。

④アのグラフの式を求められるか問う。

◇子どもは，x 軸と y 軸の１目盛りが１であると暗黙のうちに考えていることが多い。このことを問うことで，１目盛りがいくつかということも大切な条件であることに気付かせたい。

⑤問題を板書する。

問題　x 軸と y 軸の１目盛りが１であるとき，ア，イ，ウの一次関数のグラフからそれぞれの式を求めなさい。

解決Ⅰ

①式を求めるには，グラフから，$y = ax + b$ の a と b の値を求めるための条件を読み取ればよいことを全体で確認する。

◇既習事項を基に一次関数の式を求めるには，何が分かればよいのかを確認することで，求めるものを明確にする。

②イのグラフの式は，何が分かれば求められるかを考えさせる。

◇イのグラフは y 軸しか与えられていない。このような与え方をすることで，y 切片が分かれば式が求められることに気付かせることを意図している。

③ア，イの式を求めることに個別に取り組ませる。

◇イのグラフの y 切片の値を定め，ア，イのグラフの式を各自で求めさせ，ウの解決に移る子どもが出てきたところで個別解決は終える。ウについては，全体で検討するので，個別解決の時間は長すぎないようにする。

共有Ⅰ

①ア，イの式をどのようにして求めたのか説明させる。

◇ア，イのグラフの式をどのように求めたかを，子どもの説明を基にして確認する。その際には，グラフをどのように読めば傾きが分かるかや，切片はグラフのどこを見れば分かるかなどを板書に書き入れ，グラフと一次関数の式を対応付けながらグラフの条件を読み取ることを大切にする。

◇ア，イの解決も大事だが，ウのグラフから式を求めるにはどのようなことが分かればよいか考える手がかりにしたい。

端緒Ⅱ

①ウの式を求めることに個別に取り組む時間を取り，机間指導して子どもの活動の状況を把握する。

◇机間指導して，どの子どもが y 軸の位置，直線上の1点の座標などの条件を考えているかを把握する。ここで把握したことを共有Ⅱの視点からの指導で活かすことが大切である。

◇ウのグラフは条件が足りず，式を求めることができないことに気付いた子どものつぶやきを拾い，「なぜ，求められないのだろうか」と問い返す。こうしたやり取りを通して，傾きはグラフから読み取れるが，それだけでは式が決まらないことを明らかにしていく。

◇切片が決まるには，どんな条件があればよいかを考えさせ，式に着目させる。「傾きが読み取れる→ $y = ax + b$ の a の値は分かる→後は b の値が分かればよい→ b の値をグラフから読み取るには…」という思考の流れを，教師と子どものやり取りを通して引き出したい。

②個別解決の時間を取った後，ペアで意見交換させる。

◇ウの式が決まるようにするには，何が分かればよいのかを隣同士などのペアで話し合わせる。

◇ペアで意見交換する場面をつくることで，全体で確認する前に自分の考えをまとめ，改善する機会をつくることができる。これにより，全体での共有がスムーズに行えるようにしたい。

◇また，ペアで意見交換する場面を設けることにより，どの子どもも学習している事柄について，自分の考えを伝える時間をもつことができる。一斉指導の中で，ペアで取り組む時間を組み込むことはそれぞれの子どもが数学に関わる時間を保障することにもつながる１つの方法である。

③ウの式を求めるにはグラフが通る１点の座標が分かればよいことを確認する。

◇ここでは，グラフが通る１点の座標を決めるが，ペアで話し合った結果を全体で共有すると，様々な意見が出てくることが考えられる。他にも例えば「y 軸の位置」や「y 切片」などの意見があれば最初に取り上げ，アやイの問題とウの問題の状況の違いを明確にする。

◇グラフ上の１点の座標ではなく，座標平面上の任意の１点の座標が分かればよいという意見があれば，これも取り上げ，座標平面上の任意の１点の座標が分かれば，方眼を利用することでグラフ上の１点の座標も求めることができるという関係になっていることを確認する。

解決Ⅱ

①グラフ上の１点の座標が分かったら，どうやって式を求めるか方針を立てる。

◇端緒Ⅱの視点からの指導で取り上げた，グラフと式の関係に再度注目させ，グラフ上の１点の座標が分かれば，$y = ax + b$ の a の値以外に，x と y の値も分かるので，b についての一次方程式を解くことで，切片が求められることを方針として板書する。板書計画では「どうやって求める」として示した。

②ウのグラフが点（５，８）を通るという条件を加え，各自解決に取り組ませる。

◇机間指導し，解決できていない子どもには，板書の「どうやって求める」を再度読ませ，$x = 5$，$y = 8$ を，式に代入すればよいことを確認する。

共有Ⅱ

①ウの式をどのようにして求めたのか説明させる。

◇口頭で発表させ，教師が解決Ⅱの視点からの指導でまとめた方針と対応させながら板書し整理する。これによって，求めた式だけでなく，事前に立てた方針が役に立ったことも全体で共有できるようにしたい。

振り返り

①ア，イのグラフから一次関数の式を求めるには，どのようにすればよいか，分かったことをノートに書かせる。

◇前時の式からグラフをかいたときとは逆に，グラフから傾きと切片を読み取ることができれば一次関数の式を求めることができることを確認する。

②ウのグラフから一次関数の式を求めるとき，どのような条件が必要であったかを確認する。

◇ア，イのように傾きと切片の両方が分かっている場合でなくとも，ウのように，グラフから式を求めることができる場合があることを確認し，

・グラフの傾きと切片を読み取って式を求める…ア，イ

・傾きとグラフが通る１点の座標を読み取って式を求める…ウ

のように板書する。

◇さらに，一次関数のグラフから式を求めることができる場合が他にもあるかどうかを考えさせてもよい。例えば，ウの場合を基にして「傾きが読み取れないが，切片とグラフが通る１点の座標を読み取ることができれば，式を求めることができるか」を問うことが考えられる。どちらの場合も一次方程式を解くことにより解決することができることに気付かせたい。この事例では，次の適用問題でこの場合を取り上げる。

③適用問題を解かせる。

新しい問題

右のグラフが表す一次関数の式を２通りの方法で求めなさい。

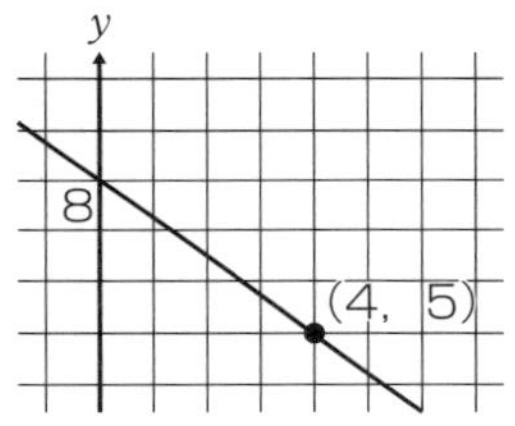

◇この場面での適用問題としては，本時で扱った解法を直接適用できるものにすることも考えられるが，ここではこれまでとは異なる情報の与え方にした。これは，「グラフ上の１点の座標が分かれば，$y = ax + b$ の x と y の値が分かるので，さらに a，b いずれかの値が分かれば一次方程式を解くことで問題を解決できる」という考え方を子どもから引き出したいと考えたからである。

◇また，２通りの方法で取り組ませるようにしたのは，問題の解決は，必ずしも１つの方法に限定されるわけではなく，異なる方法を用いても同じ式を求めることができることを気付かせたいと考えたからである。

◇さらに，傾きと切片の両方とも分からなくても，グラフから式を求めることができる場合があるかを問い，２点が分かれば式が求められるという次の授業の指導につなげる。

7 実践を通して

○端緒の視点から

・前時の復習を活かし，「一次関数の式からグラフをかけるようになったけれど，逆に，一次関数のグラフから式を求めることができるかな」と問うことで，子どもにとって考えることの必然性が生まれたようである。多くの子どもの反応は「できる」であった。

・与えるグラフの条件を曖昧にしたことにより，「これで本当に解ける？」など疑問を感じた子どもが多かったようである。このことが，「グラフから式を求める際に必要な条件が何なのか」に子どもを注目させるためのきっかけになった。

○解決の視点から

・イのグラフからは，x 軸と y 軸の１目盛りが１であることが分かるだけでは式を求めることはできないことには多くの子どもが気付いた。そして，切片が分かれば求められることにも，何人かの子どもが気付いた。

・アとイの場合を先に扱うことにより，ウの場合に傾きは読み取れるが，切片が分からない，決まらないということに多くの子どもが気付いたようであった。アとイの解決を先に行って，その後にウの場合を扱ったことは，子どもの理解を深める上で有効だったようである。

○共有の視点から

・ペアで共有する場面をつくったことにより，全体での共有にスムーズに取り組むことができた。

・ウのグラフから式をどのようにして求めたのかを子どもに説明させる場面では，子どもの口頭での説明を教師が板書しながらまとめていった。この際，解決Ⅱの視点からの指導でまとめた方針と対応させることで，あやふやな子どもの説明もポイントをおさえながら整理することができた。このように，方針が問題の解決に役に立ったかどうかを子どもが評価できるようにすることも大切な指導であると感じた。

○振り返りの視点から

・同じ問題を２通りの方法で解決することに取り組む際に，本時で使ったワークシートを確認しながら取り組む子どももいた。このような様子から見ると，２通りの方法で適用問題に取り組むことにより，本時で学習した内容について振り返ることができると考えられる。

・傾きは分からないが，切片と１点が分かるような場合を取り上げ，本時の学習内容も含めまとめることは時間的に難しい。次の時間の指導内容を見通し，関連付けて指導することの必要性を感じた。

（鈴木　誠）

ゲームで勝ちやすいのは親と子どっち？

1 本時の位置付け

確率の指導で２枚の硬貨を投げる事象を取り上げたとき，出方が（表・表），（表・裏），（裏・裏）の３通りだから，「１枚が表で１枚が裏となる確率は$\frac{1}{3}$」と考えてしまう子どもは少なくない。

こうした誤りをさせないためには，起こりうる場合を正しく数えて確率を求めることができるようにする指導が必要である。また，確率の指導では，確率を求めることだけでなく，不確定な事象に関する問題解決を重視し，求めた確率を根拠として，判断の理由などを説明することができるようにする指導も大切である。

本事例は，「いろいろな確率」の第４時の位置付けであり，前時までに「硬貨の裏表」「２つのさいころの出る目」「玉を取り出す問題」などを扱い，樹形図や二次元表を用いて確率を求めることを指導している。本時は，子どもの興味・関心を高めるためにゲームを題材とし，確率を求め，その確率を根拠として説明することを数学的活動を通して指導する。これによって，既習事項の一層の定着を図り，求めた確率を用いて説明することの指導を充実させたい。

2 単元の指導計画（全10時間扱い）

1　確率の意味
　①起こりやすさと確率…………………２時間

2　場合の数と確率
　①確率の求め方…………………………２時間
　②いろいろな確率………………………５時間（本時４／５）

3　練習問題………………………………１時間

3 本時の目標

確率を求め，それを根拠として事柄の起こりやすさについて説明することができる。

4 展開の概要

端緒

○ゲームについて説明し，子どもと実際にゲームをすることで，ゲームのルールを理解できるようにする。

> 1，2，3，4の４枚のカードで，親と子に分かれて次のゲームをします。
> 1　子が，裏返した４枚のカードから左手で１枚，右手で１枚，計２枚引く。
> 2　引いたカードが偶数と偶数，奇数と奇数のときは子の勝ちとなり，奇数と偶数のときは，親の勝ちとなる。

○親と子ではどちらが勝ちやすいか直観的に予想させる。
○本時の問題を提示する。

> **問題**
> このゲームは公平でしょうか。親と子のどちらかが勝ちやすいでしょうか。根拠を明らかにして説明しましょう。

ポイント　ゲームを取り入れることで子どもの興味・関心を高める。

共有

○子どもを指名して説明させる。
・樹形図を使った説明と二次元表を使った説明を取り上げる。

○説明をよりよいものに改善させる。
説明のポイント
ア　樹形図や二次元表などで全ての場合の数を求め，子と親が勝つ場合の数がそれぞれ求められている。
イ　アを基にして子と親が勝つ確率を求めている。
ウ　２つの確率を比較して，どちらが勝ちやすいかが示されている。
・例　「ウ」について，確率を求めるだけで「親が勝ちやすい」と結論付けるのではなく，２つの確率を比較して，その大小から，どちらが勝ちやすいかを言葉で説明するようにする。

ポイント　説明のポイントを明らかにして，不十分な説明の改善を図ることで，場合の数を落ちや重なりなく求め，確率を比較して説明ができるようにする。

解決

○方針を立てさせる。
・説明の根拠として確率を求め，比較すればよいことを明確にする。

○「カードは偶数と奇数だから，場合の数は（偶・偶），（奇・奇），（偶・奇），（奇・偶）の４通り」なのかを問い，確認する。
(1)誤りやすい考え方を教師から示す
(2)考え方の誤りについて確認する

○場合の数を求める方法を確認し，個人で問題の解決に取り組ませる。

○問題の解決が進まない子どもを教師の周りに集めて指導する。

ポイント
・全体で方針を立てることで，解決の見通しをもたせる。
・場合の数についての誤りやすい考えを全体で確認する。
・自力解決が難しい子どもを教師の周りに集めて解決の過程を示し，解決への糸口をつかませる。

振り返り

○解決のポイントを確認させる。
解決のポイント
・樹形図や二次元表を使って，落ちや重なりがないように場合の数を求める。
・場合の数から確率を求め，比較して判断する。

○適用問題として，条件を変えたゲームについて考えさせる。

> 1，2，3，5の４枚のカードを使って，親と子に分かれて次のゲームをします。
> 1　子は，４枚のカードから左手で１枚，右手で１枚の計２枚を引く。
> 2　引いたカードが偶数と偶数，奇数と奇数のときは子の勝ちとなり，奇数と偶数のときは，親の勝ちとなる。

ポイント
・解決の過程を振り返らせ，問題解決のポイントを確認させる。
・条件を変えた問題を解かせ，本時の学習内容の定着を図る。

5　板書計画と経験させたい活動

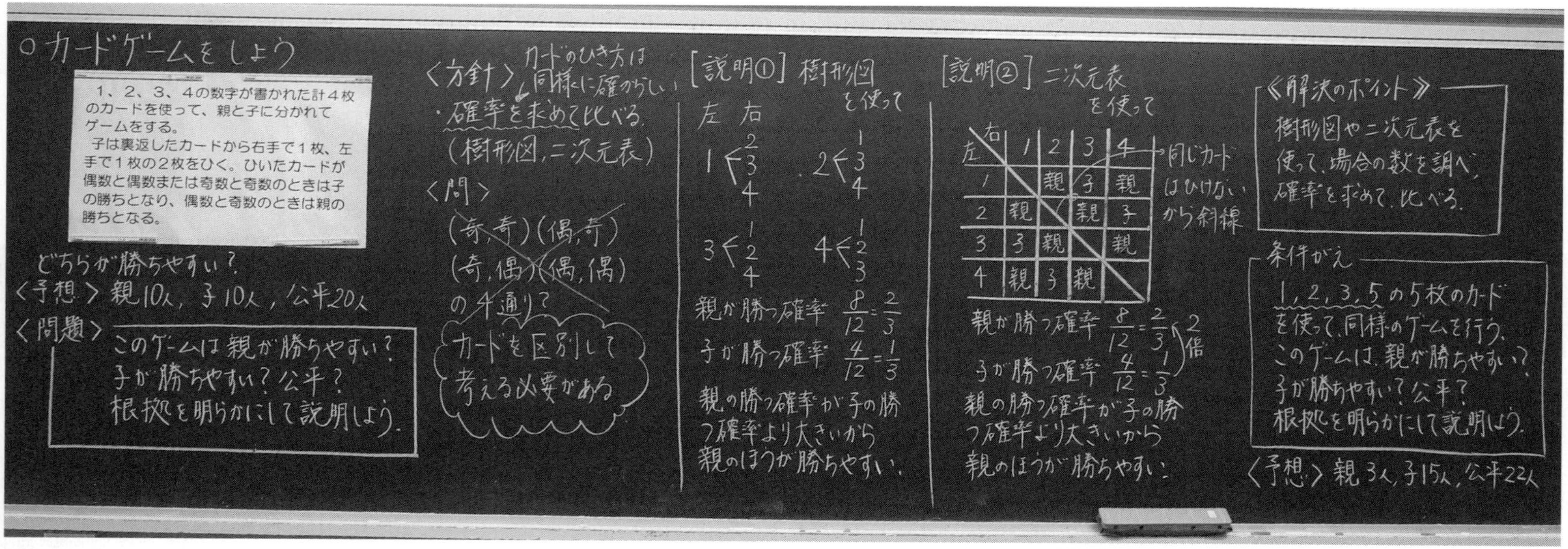

経験させたい活動	端緒	解決	共有	振り返り
予想する	○			
方針を立てる		○		
理由を説明する		○	○	○
自分の考えを評価・改善する			○	
発展的に考える				○

6　展開の詳細

端緒

①ゲームについて説明し，子どもと実際にゲームをすることで，ゲームのルールを理解できるようにする。

1，2，3，4の4枚のカードで，親と子に分かれて次のゲームをします。

1　子が，裏返した４枚のカードから左手で１枚，右手で１枚，計２枚引く。
2　引いたカードが偶数と偶数，奇数と奇数のときは子の勝ちとなり，奇数と偶数のときは，親の勝ちとなる。

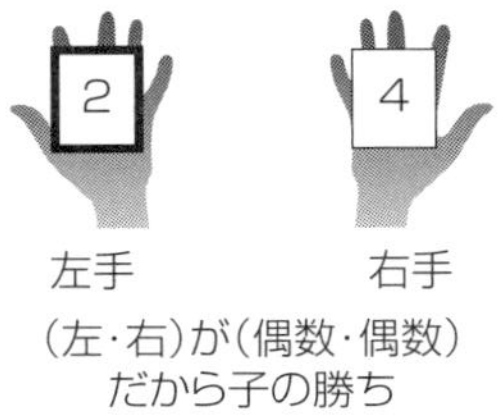

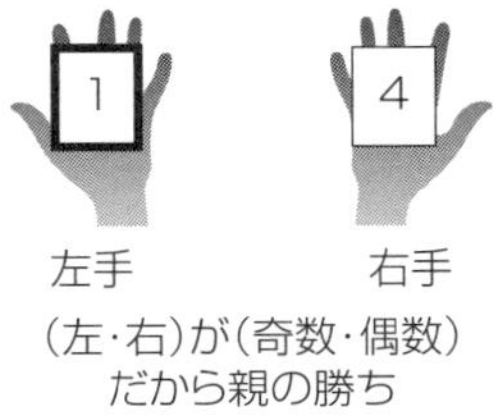

◇単にコインを投げて裏表を調べたり，さいころを投げて出る目を調べたりすることよりも，こうした勝敗が決まるゲームを取り上げた方が子どもの興味・関心を高めることができるので，主体的に学習に取り組むことが期待できる。
◇教師と子どもだけでなく，子ども同士でゲームをする場面を設けてもよい。そうすることで，ゲームのルールについての理解が深まり，興味・関心が一層高まることが期待できる。ただし，時間を取られ過ぎないように注意する必要がある。

②親と子ではどちらが勝ちやすいか直観的に予想させる。
◇「公平」「親が勝ちやすい」「子が勝ちやすい」のいずれかに挙手させ，人数を板書する。偶数と奇数のカードが２枚ずつ入っているので，子どもは「公平」と予想をしやすい。問題を解決するとこの予想が正しくないことが分かり，正しく場合の数を求める必要性を感じさせることや，数学的に考えることのよさを実感させることにもつながる。
◇選択式で予想させることで，どの子どもでも直感的に予想しやすくなり，自分の考えを示すことができるので，解決することへの意欲を高めることができる。

③本時の問題を提示する。

問題
このゲームは公平でしょうか。親と子のどちらかが勝ちやすいでしょうか。根拠を明らかにして説明しましょう。

◇解決の視点からの指導で，「根拠を明らかにする」ためには，「確率を求めて比較する」とよいことを解決の方針とする。

解決

①方針を立てさせる。

◇「何を根拠として判断すればよいか」を問い，「親と子が勝つ確率を求めて比較する」という方針を明らかにしたい。この問題の解決では，前時までの指導から，「確率を求めて比べる」という考え方は，子どもからも出てきやすいので軽く扱ってしまいがちである。しかし，子どもによっては，場合の数で比較してしまうことも少なくないので，確率を比較することで，その起こりやすさの違いまで考えられるようにしたい。また，カードの引き方は同様に確からしいことにも触れる。

②「カードは偶数と奇数だから，場合の数は（偶・偶），（奇・奇），（偶・奇），（奇・偶）の４通り」なのかを問い，確認する。

(1)誤りやすい考え方を教師から示す

◇場合の数を求めるとき，奇数でも１と３は区別して考えなければならないが，上の発問のように誤って考えてしまう子どもは少なくない。そこで，問題の解決に入る前に，この点を全体で確認しておくことによって，問題の解決自体をスムーズに進められるようにすることを考えた。

(2)考え方の誤りについて確認する

◇「左手が１のとき，（奇・奇）と（奇・偶）にはどのような場合があるか」を考えさせるなどして，４枚のカードを区別して場合の数を求めなければならないことを確認する。

◇子どもの学習の状況によっては，あえてこの考え方を全体で取り上げることはせずに，方針に基づいて個人で問題の解決に取り組む過程で考えさせることにしてもよい。

③場合の数を求める方法を確認し，個人で問題の解決に取り組ませる。

◇「場合の数を落ちや重なりがないように正しく求めるにはどうすればよいか」を問い，既習事項を基に，樹形図や二次元表を使えばよいことを確認する。

④問題の解決が進まない子どもを教師の周りに集めて指導する。

◇教師が実際にカードを使いながら，場合の数や確率を求める過程を子どもに見せることで，自力での解決が困難な子どもへの手立てとする。例えば，次のようなことをつぶやきながら，場合の数を求めていくことが考えられる。

指導の例

T　左手のカードが１だと，右手はどんなカードを取っている場合が考えられるかな。樹形図にかいてみるよ。

T　左手のカードが２の場合はどうだろう。同じように樹形図にかいてみるよ。

…

T　これで全てのカードの取り方があげられたかな。全部で何通りになったのかな。そのうち，親が勝つのは…。

共有

①子どもを指名して説明させる。

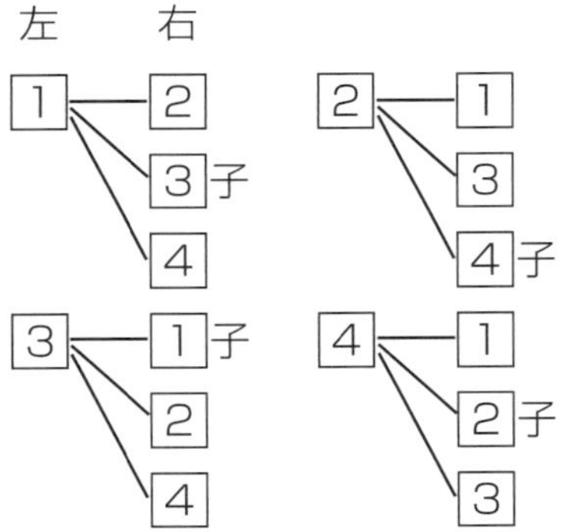

	1	2	3	4
1		奇偶	奇奇	奇偶
2	偶奇		偶奇	偶偶
3	奇奇	奇偶		奇偶
4	偶奇	偶偶	偶奇	

◇解決の視点からの指導で，樹形図や二次元表を使って解決している子どもを見いだしておく。

◇樹形図や二次元表で示されていることについても丁寧に扱うことで，それぞれ場合の数を求める技能面についてもその定着を図りたい。その際の教師からの発問として，「樹形図で１と1はどうしてないの？」，「二次元表の斜線はどういう意味？」のように問いながら進めると理解が深まる。

◇場合の数を基に確率を求め，確率を根拠として説明させる。

◇確率を求める際に，例えば子が勝つ確率だけを求め，１－(子が勝つ確率)＝(親が勝つ確率）であることを用いて考えている子どもがいれば紹介すると，確率の意味の理解を一層深めることが期待できる。

②説明をよりよいものに改善させる。

◇次のポイントで説明を改善させ，よりよい説明ができるようにすることで，確率を用いた説明ができるようにする。

説明のポイント

ア　樹形図や二次元表などで全ての場合の数を求め，子と親が勝つ場合の数がそれぞれ求められている。

イ　アを基にして子と親が勝つ確率を求めている。

ウ　２つの確率を比較してどちらが勝ちやすいかが示されている。

改善の例

子が勝つ確率　$\frac{4}{12}=\frac{1}{3}$

親が勝つ確率　$\frac{8}{12}=\frac{2}{3}$

→

子が勝つ確率　$\frac{4}{12}=\frac{1}{3}$

親が勝つ確率　$\frac{8}{12}=\frac{2}{3}$

親が勝つ確率が大きいので，親の方が勝ちやすい。

③「(偶・偶)，(奇・奇)，(偶・奇)，(奇・偶）の４通り」の誤りについて確認する。

◇解決の視点からの指導で取り上げない場合，ここで取り上げたい。落ちや重なりなく場合の数を求めることの重要性に触れつつ，子どもが説明したことを基にして，考え方の誤りを樹形図や二次元表と関連付けて確認し，その理解を一層深められるようにする。

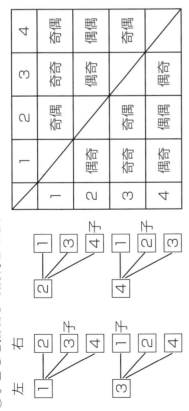

振り返り

①解決のポイントを確認させる。

◇今日の問題が解決できたポイントは何かを問い，子どもの発言を基に下のようにまとめる。このように，本時の問題の解決のみに終始せず，他の問題の解決でも活用できるようにまとめたい。

解決のポイント

・樹形図や二次元表を使って，落ちや重なりがないように場合の数を求める。

・場合の数から確率を求め，比較して判断する。

②適用問題として，条件を変えたゲームについて考えさせる。

> **新しい問題**
>
> 次のゲームは公平でしょうか。親と子のどちらかが勝ちやすいでしょうか。確率を用いて説明しましょう。
>
> 1，2，3，5の4枚のカードを使って，親と子に分かれて次のゲームをします。
>
> 1　子は4枚のカードから左手で1枚，右手で1枚の計2枚を引く。
>
> 2　引いたカードが偶数と偶数，奇数と奇数のときは子の勝ちとなり，奇数と偶数のときは，親の勝ちとなる。

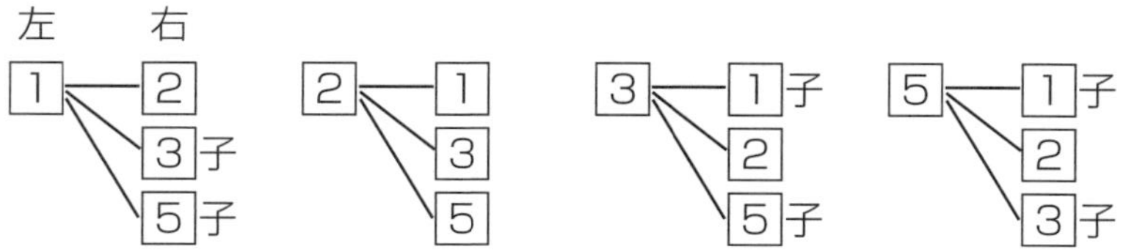

子が勝つ確率$\frac{6}{12}=\frac{1}{2}$，親が勝つ確立$\frac{6}{12}=\frac{1}{2}$となり，どちらの勝つ確立も$\frac{1}{2}$で等しいので，公平である。

◇このゲームは，偶数のカードが1枚しかないのに公平であるという結論に意外性がある。他にも5枚のカードを使ったゲームを取り上げることも考えられる。このように，このゲームは発展性のある問題であり，条件を変えた問題に取り組ませることで，本時の学習内容の定着が期待できる。

◇ここでは，特に解決の視点からの指導の際に，問題の解決に戸惑っていた子どもを中心に机間指導などを通して，樹形図や二次元表を用いて場合の数が求められているか確認する。

◇確率を比較して説明できているかを見取り，個別に声をかけたり，できていない子どもが多い場合はいったん個別の解決を止め，一斉で確認したりして正しく説明ができるようにする。

◇条件を変えたゲームについて考えさせる以外にも，「ゲームを公平にするにはどうすればよいか」という問題に取り組ませることも考えられる。この場合は，樹形図や二次元表を基に考えることになるので，それらの意味の理解を深めることにつながる。

7　実践を通して

○端緒の視点から

・ゲームを取り入れたことで，子どもは興味をもち授業に取り組むことができていた。時間的に余裕があるのならペアやグループでゲームをする時間を取ると，一層意欲を高められると感じた。また，実際にゲームをしていく中で，ゲームの仕組みをつかむことにもつながり，問題の解決の手立てにもなることが分かった。

・想定していた通り，約７割の子どもが公平，約３割の子どもは親が有利と予想をした。子が有利と予想した子どもは２名いた。

○解決の視点から

・はじめに「確率を求めて比較する」という方針を立てていたので，その後の解決の過程でも，場合の数だけで説明しようとする子どもは少なかった。

・個別での解決の前に，「場合の数は（偶・偶），（奇・奇），（偶・奇），（奇・偶）の４通りか」を考えさせた。ここでつまずく子どもが多いことを想定して一斉で取り上げたが，子どもによって理解の程度に差があったので，解決の視点からの指導で個別に対応する際に，こうした誤りをしている子どもに対して直接指導する方がよかったかもしれない。

・教師の周りに集めての指導には，５名が参加し，５人とも指導したことが手がかりとなって問題の解決が進んだ。

○共有の視点から

・場合の数を樹形図で求めた子どもと，二次元表で求めた子どもに説明をさせた。その説明を基に樹形図と二次元表の意味を復習した。

・確率を求めてはいるが，それを比較して「親の勝つ確率の方が大きいので」といった表現をすることなく終わってしまっている子どもが多かった。こうした子どもへの指導については，この１時間だけではなく継続的な指導が必要であると感じた。

・「（偶・偶），（奇・奇），（偶・奇），（奇・偶）の４通り」の誤りについては，問題が解決した後で確認すると，場合の数を正しく求めることの大切さを，子どもに改めて実感させることができることが分かった。

○振り返りの視点から

・共有の視点からの指導の際に板書したことを子どもに見直させることで，「解決のポイント」を子どもの発言としてまとめることができた。

・条件を変えた問題については，端緒の視点からの指導と同じように，子どもに解決させる前に直感的に予想をさせた。すると多くの子どもが「子が有利」と予想をした。その結果，不思議さや数学的に考えることのよさを感じたようであった。

・早くできた子どもがいたので，さらに奇数３枚，偶数２枚に条件を変えた問題を考えさせた。

（島尾　裕介）

3年 数と式 式の展開と因数分解

予想したことはいつでも言えるかな？

1 本時の位置付け

本単元の活用場面では，第２学年における文字を用いた式の指導を踏まえ，文字を用いた式を使うことのよさや必要性についての理解を一層深めることが求められている。そのためには，数の性質が成り立つことを証明する場面などで，目的に応じた式変形に乗法公式や因数分解の公式が有効に活用されていることを子どもに実感させることが大切となる。

本事例は，式の計算の活用の第１時である。指導に当たっては，まず，具体的な数を用いて帰納的に数の性質を予想させる時間を確保したい。そして，その予想がいつでも成り立つことを示すためには文字を用いればよいことを確認し，展開や因数分解を用いて，予想したことが正しいことを示す式に変形すればよいことを理解させる。さらに，証明したことを振り返って式を読むことで，他の計算のきまりも導けることを理解させたい。このような学習を数学的活動を通して実現し，文字を用いた式を使うことの有用性を実感させることを目指している。

2 単元の指導計画（全19時間扱い）

1　式の展開と因数分解
①式の乗法・除法……………………………４時間
②乗法の公式…………………………………３時間
③素因数分解…………………………………１時間
④因数分解……………………………………５時間
2　式の計算の利用
①式の計算を用いた数の性質の証明……２時間（本時１／２）
②因数分解や展開を用いた計算…………１時間
③式の計算を用いた図形の性質の証明…２時間
3　演習問題……………………………………１時間

3 本時の目標

連続する２つの整数の２乗の差は２数の和になることを，展開や因数分解を用いて証明することができる。

4 展開の概要

端緒

○連続する２つの整数を自由に選び，その２乗の差を計算させ，２数と計算結果を数名の子どもに発表させる。
○計算結果について言えそうなことを子どもに予想させる。

> **課題**
> 連続する２つの整数の２乗の差について，どんなことが言えるだろうか。
> $4^2-3^2=$　　$11^2-10^2=$　　$(-2)^2-(-3)^2=$

○出された予想を，具体的な数を用いて確認する。
○子どもの予想「２数の和になる」を受けて，問題を提示する。

> **問題**
> 「連続する２つの整数の２乗の差は２数の和になる」ことは，いつでも言えるだろうか？

ポイント　計算結果から帰納的に成り立ちそうな事柄を予想させ，子どもの追究意欲を高める。

解決

○解決のための方針を立てる。
・まず，連続する２つの整数の小さい方の数と大きい方の数をそれぞれ文字式で表す必要がある。
・次に，大きい方の数の２乗から小さい方の数の２乗をひいて計算する。
・計算した結果が（大きい方の数）＋(小さい方の数）になれば，２数の和になると言えることになる。

○個人で問題の解決に取り組ませる。

○目的に沿った式変形ができていない子どもや，式だけを記述していて証明が不十分な子どもを把握し，指名計画を立てる。

ポイント
・文字の式を用いて証明すればよいことを全体で確認する。また，証明が不十分な子どもを把握し，指名計画を立てる。
・自力で証明を完成できなくても，共有の視点からの指導で，証明を完成させる過程を理解できればよい。

共有

○まず，ノートに式変形の過程だけを書いている子どもに板書させ，それを基に少しずつ証明を完成させていく。

○式変形で，展開や因数分解が用いられていることを確認しながら，結論の形に式変形できない子どもに，自分の迷いを発表させる。

○$2n+1$を$n+1$とnに分けた子どもに，式変形の意図を説明させる。

○式だけではなく，言葉による説明が必要になることを全体で確認し，さらに改善を加えて証明を完成させる。

ポイント
・最初から完全な証明を示すのではなく，段階的に証明を完成させる展開を大切にすることで，自力で証明できなかった子どもにも証明の仕組みが理解できるようにする。
・解決の視点からの指導よりも，共有の視点からの指導に時間をかけ証明の過程を丁寧に扱う。

振り返り

○問題解決のポイントをまとめる。

○他の予想についても証明できそうか問い，「大きい方の整数の２倍から１をひいた数になる」を扱うことを提案し，新しい問題を提示する。

> **新しい問題**
> 連続する２つの整数の２乗の差は「大きい方の整数の２倍から１をひいた数になる」ことは，いつでも言えるだろうか？

○証明の一部を変えれば，他の予想も証明できることを理解させる。

ポイント
・問題解決のポイントを明確にする。
・式の意味を読み取る力を育み，文字式を用いることのよさや必要性についての理解を一層深め，証明を読んで新たな性質を見いだすことを重視する。

5 板書計画と経験させたい活動

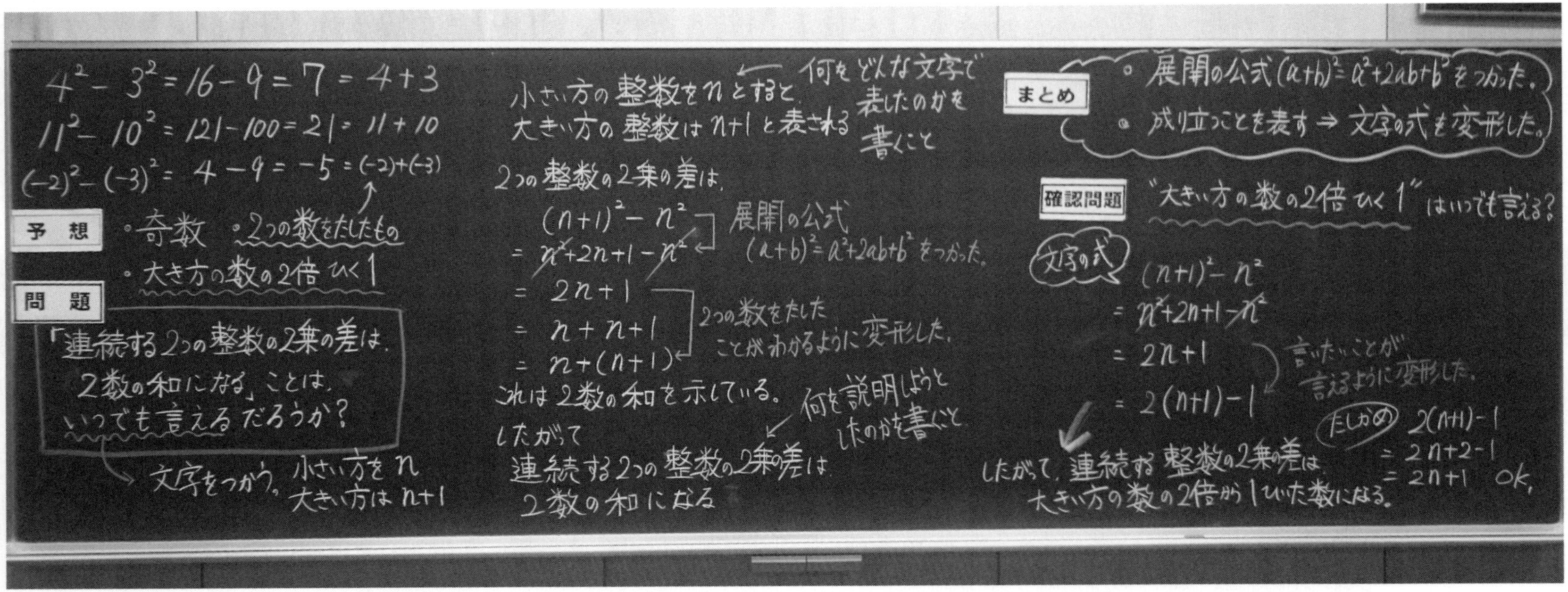

経験させたい活動	端緒	解決	共有	振り返り
帰納的に考える	○			
方針を立てる		○		
理由を説明する			○	○
問題を見いだす				○

6　展開の詳細

端緒

①連続する２つの整数を自由に選び，その２乗の差を計算させ，２数と計算結果を数名の子どもに発表させる。

◇連続する２つの整数を子ども自身に自由に選ばせることは，課題に対する子どもの関心を高める効果がある。また，具体的な数で実際に計算することで問題の意味を把握させることができる。

②計算結果について言えそうなことを子どもに予想させる。

> **課題**
> 　連続する２つの整数の２乗の差について，どんなことが言えるだろうか。

◇自由に予想させ，「たまたま？　それともいつでも？」と問い返すことで，どんな場合でも本当に成り立つのかを追究する意欲を高める。「奇数」「思い浮かべた２数の和」「大きい方の数の２倍から１をひいた数」「小さい方の数の２倍に１たした数」など様々な可能性があるのもこの課題のよさである。

③子どもから出された予想を，具体的な数を用いて確認する。

$$4^2-3^2=16-9=7=4+3$$

◇例えば「７は確かに４と３の和になる」ことを全体で確認することで，予想が正しそうだと確信を深める。また，この確認は，子どもが文字式を用いた証明を行う際に，結論を表す式の形がどうなっていればよいかを考えるために役立つので大切にする。

④子どもの予想の中から「２数の和」について取り上げることを提案し，問題を提示する。

> **問題**
> 「連続する２つの整数の２乗の差は２数の和になる」ことは，いつでも言えるだろうか？

◇この問題で授業を行う場合，授業の冒頭から「連続する２つの整数の２乗の差は，『２数の和になる』ことを証明しよう」と指示することも考えられるが，子どもにとって考える必要感は薄い。成り立つと言えそうなことを子どもに予想させた後で，それを問題として提示すると，追究の必要感を高めることができる。

◇端緒の視点からの指導で，教師と子どもが速算勝負を行うことも考えられる。子どもは，「先生がすぐに計算できるのは何か仕掛けがあるに違いない」と考え，その速算法を見つけようとする。そして，教師が２つの数の和を計算していることを気付かせ，「なぜ，たすだけでよいのか」という子どもの疑問を引き出して問題を提示することで，その理由を考える必要性を生み出す。

解決

①解決のための方針を立てる。

◇ここでは，「いつでも『2数の和になる』ことを確かめるためにはどうすればよいだろう」と発問して子どもから，文字式を用いることを引き出し，解決のために次のような方針を立てる。

・まず，連続する2つの整数の小さい方の数と大きい方の数をそれぞれ文字式で表す必要がある。
・次に，大きい方の数の2乗から小さい方の数の2乗をひいて計算する。
・計算した結果が（大きい方の数）+（小さい方の数）になれば，2数の和になると言えることになる。

◇子どもの学習の状況によっては，「小さい方の整数を n とすると，大きい方の整数は $n+1$ となる」のように連続する2つの整数の表し方を全体で確認することも考えられる。

②個人で問題の解決に取り組ませる。

◇全ての子どもに証明を完成させることを目指すのではなく，共有の視点からの指導で，証明を段階的に完成させる過程を確認し，証明の仕組みを理解できるようにする指導を重視する。その意味で解決の視点からの指導に多くの時間をかけ過ぎない。

◇個人で証明を完成させた子どもがいる場合には，「何を使って変形したか」「なぜこの形に変形したのか」を自分なりの言葉でノートに書き加えるように指導しておきたい。こうすることで，解決に展開や因数分解を用いたことや，結論を表す式の形に変形する必要があることを自覚させることができる。

◇一方で，連続する2つの整数を文字で表せない子どもや，展開や因数分解が正しくできずにつまずいている子どもがいることも想定される。そのような場合には，教師の周りに集まるように促し，下のように具体的な数と文字式を行き来しながら，「小さい方の数を n とすると，大きい方はどのように表されるか」「ここから先の計算には何を使えばよいか」と教師がつぶやきながら問題を解決し，その過程を子どもと共に確認していく。

指導の例

・小さい方の数が3なら，大きい方の数は4になるから…

$4^2-3^2=16-9=7=4+3$

・小さい方の数が n なら，大きい方の数は $n+1$ になるから…

$(n+1)^2-n^2=n^2+2n+1-n^2=2n+1=(n+1)+n$

③目的に沿った式変形ができていない子どもや，式だけを記述していて証明が不十分な子どもを把握し，指名計画を立てる。

◇共有の視点からの指導で協働的に追究させるための準備を行う。式の計算まではできたが「2数の和の形」に式変形できていない子どもや，言葉による説明がなかったり，たりなかったりするなど，不十分な記述の子どもを捉えることが大切である。

共有

①ノートに式変形の過程だけを書いている子どもに板書させる。

◇式のみを板書させる意図は，正答例を確認するだけの発表会にならないようにするためである。式のみの記述から，徐々に証明を改善していく活動に取り組ませる。（板書例Ａ）

板書例Ａ　$(n+1)^2-n^2=n^2+2n+1-n^2=2n+1$

②式変形で，展開が用いられていることを確認しながら結論の形に式変形できないことに注目させ，改善する方法を考えさせる。

◇板書から，展開が用いられていることを全体で確認する。また，板書した子どもから，「$2n+1$ からどうすればよいか分からない」など困っていることを発表させ，全体で共有し改善の方法を考えさせたい。ただし，分からないことを発表することに抵抗を感じる子どももいると思われるので，学級の雰囲気づくりなど日頃からの指導が大切であり，十分に配慮する必要がある。

③$2n+1$ を $n+1$ と n に分けた子どもに，式変形の意図を説明させる。

◇①を受けて，目的に応じて式を変形することの大切さに気付かせたい。２数の和の形に変形したことを説明させ，式変形の意図を黒板に追記していく。（板書例Ｂ）

板書例Ｂ　$\underline{(n+1)^2}-n^2=\underline{n^2+2n+1}-n^2=\underset{\sim}{2n+1=(n+1)+n}$

展開の公式を使った　　２つ数をたしたことが分かるように変形した

④式だけではなく，言葉による説明が必要になることを全体で確認し，さらに改善を加え証明を完成させる。

◇言葉による説明を書いている子どもに板書へ追記させ，下のように証明を完成させる。「何をどんな文字で表したのかを示す」「何を証明することができたのかを結論として最後に書く」等を全体で確認し，言葉による説明を加えることの必要性を理解させる。

板書例Ｃ　小さい方の整数を n とすると，大きい方の整数は $n+1$ と表される。２つの整数の２乗の差は，

$\underline{(n+1)^2}-n^2=\underline{n^2+2n+1}-n^2=\underset{\sim}{2n+1=(n+1)+n}$

展開の公式を使った　　２つ数をたしたことが分かるように変形した

となる。これは連続する２つの整数の和を示している。したがって，連続する２つの整数の２乗の差は２数の和になる。

◇最初から完全な証明を示すのではなく，段階的に証明を完成させる展開を大切にすることで，自力で証明できなかった子どもにも証明の仕組みを理解できるようにしたい。このため，解決の視点からの指導よりも共有の視点からの指導に時間をかける。

振り返り

①問題解決のポイントをまとめる。

◇子どもに，既習の内容を活用したことや，目的に応じて式を変形する必要性を理解させるためのまとめである。「問題を解決するために，どのようなことが役に立ったか」を問い，例えば，以下のような内容を引き出したい。

・問題を解決する方法を考えて方針を立てた。
・学習した展開を使って計算した。
・証明したいことに合うように，文字の式を変形した。
・最初に「何をどんな文字で表したか」を仮定として示した。
・最後に「何を証明することができたのか」を結論として示した。

②「他の予想についても証明できそうか」を問い，「大きい方の整数の２倍から１をひいた数になる」を扱うことを提案し，新しい問題を提示する。

> **新しい問題**
> 　連続する２つの整数の２乗の差は「大きい方の整数の２倍から１をひいた数になる」ことは，いつでも言えるだろうか？

◇ここでは「２数の和」を全体で扱い，適用問題として他の予想を扱うことにした。これは，端緒の視点からの指導で引き出した子どもの予想を活かすことで，追究意欲を維持することにつながると考えたからである。さらに別の予想を宿題等にして，取り組ませることも考えられる。

③完成した証明の一部を変えれば，他の予想も証明できることを理解させる。

◇机間指導して，途中まではほぼ同じ証明になると気付いた子どもを捉え，「全て同じ証明のままでよいか，それとも，どこかを変更しなければならないか」を問い，考えるように指示する。これによって，元の証明の一部を変えることで，新たな数の性質を証明することができることを気付かせたい。

◇結論を表す式である$2(n+1)-1$が，本時の問題の証明の中の$2n+1$と等しいことに着目する子どもが出てくることも考えられる。このように，結論から逆向きに考えている子どもがいた場合は，取り上げて全体に紹介したい。

◇ここでは，$2n+1$が，「奇数」を表していることや「小さい方の数nの２倍に１をたした数」と読み取れることを全体で扱うこともできる。こうすることで，授業の冒頭で出てきた予想が，いつでも成り立つことを確認することもできる。

◇このような指導を通して，式の意味を読み取る力を育むと共に，文字を用いた式を使うことのよさや必要性についての理解を一層深めることができる。これは，図形領域における「証明を読んで新たな性質を見いだすこと」と関連する重要な指導内容である。

7　実践を通して

○端緒の視点から

・授業の冒頭で，連続する２つの整数を自由に選んでノートに書かせ，大きい方の２乗から，小さい方の２乗をひくように指示した。教師の意図が分からず，不思議そうにしている子どもが多かったので，「計算結果に共通点はないか」を問い，周囲の子どもと比べるように促すと，「奇数になるのではないかな」とつぶやく子どもが出てきた。帰納的に数の性質を予想させる時間を確保したことで，計算のきまりに興味をもたせることができ，本時の課題の把握につながった。

・「奇数になりそうだ」という子どもの反応を受け，「計算結果について他に言えそうなことはないか」と問い，本時の課題を提示した。子どもに発言を促すと，「選んだ数字をたしたもの」や「大きい方の数の２倍ひく１」という反応が見られた。その発言を受けて，自分で選んだ数でも言えるかどうかを確認させた。その後，「２数の和になる」ことを扱うことを提案し，問題を提示した。ここで，実際に２数の和になること（例えば，７＝４＋３）を板書として残し，具体的な数で２数の和になることを確実に押さえた。

○解決の視点から

・問題を追究するための方針を立てる場面で，いつでも成り立つことを示すためには，文字式を用いればよいことを確認した。「どちらをどの文字で置くか」や「結論をどのような式で表せばよいか」までは確認せず，個人での解決に入るようにした。これは，用いる文字と結論の式の形を確認してしまえば，後は式変形のみの形式的な処理だけが残されると考えたからである。この点については，子どもの状況に合わせて，授業を実践する教師が決める必要がある。

・大きい方の整数を n，小さい方の整数を $n-1$ として考える子どもや，２種類の文字を用いて考える子どもも見られた。

○共有の視点から

・授業では，記述が不十分な子どもを指名せず，しっかり記述できている子どもに，式のみを板書するように促した。証明として完成度が高いことを認めながら，学習のためにあえて式だけを板書させるようにする方式を採ることで，記述が十分でない子どもを指名することを避けた。

○振り返りの視点から

・展開を用いたこと，言葉を付け足して証明を分かりやすくすることをまとめたが，目的に応じた式に変形するというまとめはでなかった。これは，解決の前に目指すべき式の形を押さえなかったことと，結論を示すために文字の式を意図的に変形したことを十分に押さえなかったことに原因があると考えられる。（市川　大輔）

3年 図形 図形と相似

パスタメジャーをつくろう

1　本時の位置付け

この単元では，前時までに「相似比が $m:n$ である相似な図形の面積の比は $m^2:n^2$ になる」ことを指導している。本事例は，これを利用して具体的な事象を題材にした問題を解決することを数学的活動を通して指導しようとするものである。日常生活においては，例えばコピー機の倍率を考える際に，面積を２倍にしたければ倍率を141％（約 $\sqrt{2}$ 倍）にするといった相似な図形の相似比から面積を考える場面があり，形を変えずに図形の面積を大きくしたり小さくしたりすることは子どもにとっても身近で受け入れやすいものではないかと考えた。また，「形を変えずに面積を２倍するには辺の長さも２倍すればよい」といった誤った理解をしている子どももいることが，逆に学習を深める上で役立つのではないかと考えた。

そこで本事例では，パスタメジャーを取り上げ，相似な図形の相似比と面積の比の関係を基に事象を論理的に考察することで，問題を解決することを数学的活動を通して指導する。

2　単元の指導計画（全25時間扱い）

1　図形と相似………………………………８時間

2　平行線と線分の比………………………８時間

3　相似な図形の計量
　①相似な図形の面積………………………２時間（本時２／２）
　②相似な立体の表面積・体積……………３時間

4　相似の利用………………………………２時間

5　練習問題…………………………………２時間

3　本時の目標

相似な図形の相似比と面積の比の関係を用いて，問題を解決することができる。

4 展開の概要

端緒

○パスタメジャーでパスタの量が測れる理由を考えさせ，課題を理解させる。
(1)実物を見せて興味をもたせる。
(2)パスタの量にともなって変化するものについて考えさせる。
(3)パスタメジャーの仕組みを考えさせる。
(4)本時の課題を板書する。

> **課題**
> 2人分，3人分，4人分のパスタメジャーをつくるには，どうすればよいだろう。

○予想した円をかかせ，本時の問題を提示する。

> **問題**
> 1人分のパスタメジャーは，半径1.1cmの円です。2人分，3人分，4人分のパスタメジャーをつくるには，それぞれ半径を何cmの円にすればよいだろう。

ポイント
・実物を提示することで，課題への興味をもたせる。
・予想をさせることで，課題の解決への意欲を高める。

解決

○「1人分の円の半径は1.1cmなのだから，2人分の円の半径は2.2cmではないか」を問い，全体で考える。

○個人で問題の解決に取り組ませる。

○問題の解決が進まない子どもを教師の周りに集めて指導する。
・教師とのやり取りを通して，面積の比が分かっている図形の相似比を求める方法を考えさせる。

ポイント
・誤りやすい考えを全体で確認してから問題の解決に取り組ませる。
・問題の解決が進まない子どもを教師の周りに集めて指導し，解決の糸口をつかませる。

共有

○円の半径の長さの求め方を子どもに説明させる。

○「相似比と面積の比の関係」「方程式」など，解決のために活用した既習の知識・技能を確認し板書する。

○2人分，3人分，4人分のパスタメジャーの円の半径が，1人分の $\sqrt{2}$ 倍，$\sqrt{3}$ 倍，2倍となることを確認する。

ポイント
・解決にはいくつかの方法が考えられるが，相似な図形の相似比と面積の比を用いた方法を全体で共有した上で，可能であれば他の方法も取り上げ，多様な考えを共有できるようにする。
・活用した知識・技能を板書により可視化し，学んだことを活用していることを実感できるようにする。

振り返り

○端緒の視点からの指導で子どもが予想してかいた円に重ねて正しい半径の円をかき，予想が正しかったかどうか確認させる。

○他の人数分の円の半径を考えさせ，一般化させる。

○別の半径の円について考えさせ，一般的な円の性質としてまとめさせる。
(1)問題から発展的に考えて，円の一般的な性質を考えさせる。

> **新しい問題**
> 半径5cmの円の2倍の面積の円の半径は何cmだろう。

(2)「円の面積を a 倍にするには，半径を何倍にすればよいか」を問い，一般化してまとめる。

○さらに発展的に考えるための視点を与え，次の学びにつなげる。

ポイント
・身の回りの具体的なものから徐々に一般化することで数学の世界の図形について考えさせ，図形の性質として捉えられるようにする。
・発展的に考えるための視点を与え，次の学びにつなげる。

5 板書計画と経験させたい活動

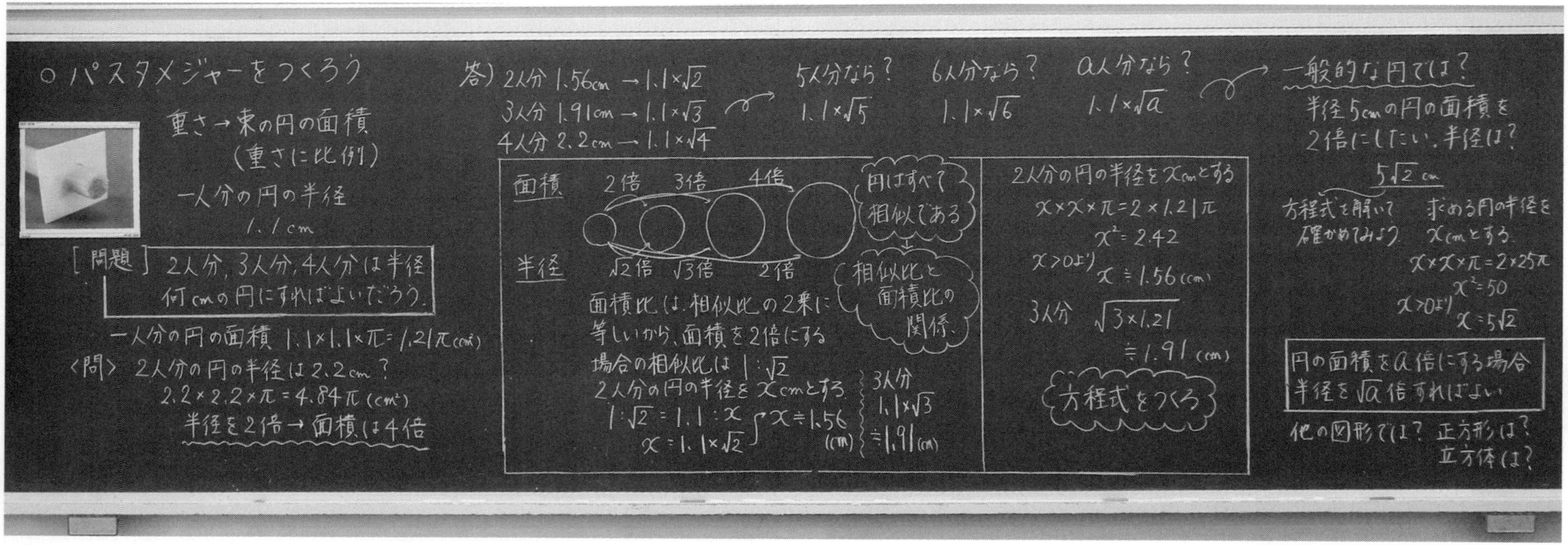

経験させたい活動	端緒	解決	共有	振り返り
理想化・単純化する	○			
予想する	○			
方針を立てる		○	○	
帰納的に考える		○	○	○
発展的に考える				○

6 展開の詳細

端緒

①パスタメジャーでパスタの量が測れる理由を考えさせ，本時の課題を理解させる。

1）実物を見せて興味をもたせる。

◇パスタを見せ，「1人分のパスタの量はどのぐらいか」を問うことで，日常の場面をイメージさせながら，本時の学習に興味をもたせる。

2）1人分，2人分，…と増やし，パスタの量にともなって変化するものについて考えさせる。

◇人数が増えるとパスタの何が増えるかを問い，重さ，本数などの発言を引き出し，2人分，3人分は，重さや本数を2倍，3倍すればよいことに触れ，これらが人数に比例することを理解させる。

3）パスタメジャーの仕組みを考えさせる。

◇1人分が測れるパスタメジャーを見せ，重さも本数も直接は調べていないことから，「円の面積で1人分を測っている」ことを確認する。この際，1本のパスタの太さが一定であるとみなして，円を通過する本数を一定にしているから，本数が人数に比例することを利用していることを確認するなど，理想化・単純化して考えていることに触れることも日常の事象に関わる問題を解決する上では重要となる。

4）本時の課題を板書する。

> **課題**
> 2人分，3人分，4人分のパスタメジャーをつくるには，どうすればよいだろう。

◇3)のパスタメジャーの仕組みから「円の面積を2倍，3倍，4倍にすればよい」ことには多くの子どもが気付くと思われるので，「半径を何倍にすれば，面積が2倍，3倍，4倍の円をつくることができるか」と問い返し，問題を焦点化していく。

②予想した円をかかせ，本時の問題を提示する。

◇1人分のパスタメジャーの円の半径が1.1cmであることを告げ，半径が1.1cmの円がかかれたプリントを配付し，各自で予想した2人分，3人分，4人分の円をかかせる。このことで，長さと面積の関係を捉えることの難しさを感じさせ，次の問題を提示する。

> **問題**
> 1人分のパスタメジャーは，半径1.1cmの円です。2人分，3人分，4人分のパスタメジャーをつくるには，それぞれ半径を何cmの円にすればよいだろう。

◇ここでは，円をかくこととしたが，あらかじめかいたいくつかの円を見せ，どれが2人分のパスタメジャーかを考えさせてもよい。こうすることで，時間の短縮を図ることができる。

解決

①「1人分の円の半径は1.1㎝だから，2人分の円の半径は2.2㎝ではないか？」と問い，全体で考える。

◇「半径を2倍すれば面積が2倍になる」と考える子どもが多いので，教師が先にそれを示し，誤りに気付かせたい。

◇既習の相似比と面積の比の関係を基に，半径を2倍すれば，面積が4倍になるので，4人分のパスタメジャーになってしまうことを確認し，子どもが「2人分，3人分，4人分の円の半径を求めるためには，相似比と面積の比の関係を使って考えればよい」という方針を立てられるようにしたい。

◇円の面積を求めることにつまずき，先に進められない子どもがいることが考えられるので，1人分の円の面積を全体で求め，その求め方を確認しておく。必要に応じて電卓を利用させる。

②個人で問題の解決に取り組ませ，問題の解決が進まない子どもを教師の周りに集めて指導する。

◇相似比が分かっている図形の面積の比を求めることに比べ，面積の比が分かっている図形の相似比を求めることは難しい。そこで，自力での解決が難しい子どもを教卓などの周りに集めて，右のような図を示し，解決の糸口がつかめるように指導する。教師が指導をしている途中で分かった場合は，席に戻って考えさせることで，自分で気付いて解決できたという達成感を子どもに得させたい。

指導の例

T　円はどの円も形は同じですね。全ての円はどんな関係？

S　相似です。

T　相似な図形の相似比と面積の比の関係は？

S　相似比の2乗が面積の比になる。

T　だから「半径が2倍だと面積は4倍」。逆を考えると「面積を4倍にするには半径を2倍にすればよい」だね。だから，面積の比が1：4の2つの円の半径の比は？

S　1：2です。

T　そうですね。面積の比が1：4の2つの円をつくりたかったら，$1:4=1:2^2$だから，相似比1：2の2つの円をつくればよい。では，面積の比が1：2の2つの円をつくりたかったら，$1:2=1:\square^2$と考えて…。

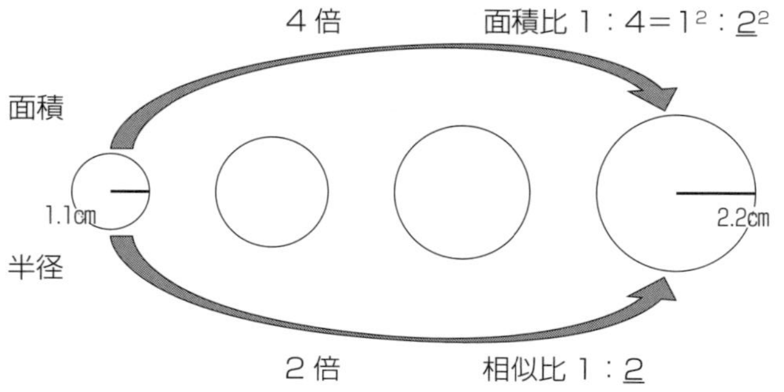

共有

①円の半径の長さの求め方を子どもに説明させる。

㋐

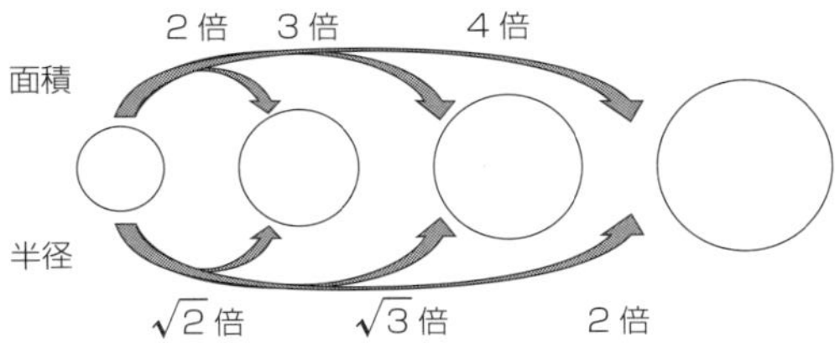

面積比は，相似比の2乗に等しいから，
面積を2倍にする場合の
相似比は1：$\sqrt{2}$となる。
$1 : \sqrt{2} = 1.1 : x$
$x = 1.1 \times \sqrt{2}$
$x \fallingdotseq 1.56$（cm）

➡ 同様に
3人分　$1.1 \times \sqrt{3}$
4人分　1.1×2
となり

➡ 2人分1.56cm
3人分1.91cm
4人分2.2cm

㋑
1人分の円の面積は，
$1.1 \times 1.1 \times \pi = 1.21\pi$
2人分の円の半径を x cmとおくと，
$x \times x \times \pi = 2 \times 1.21\pi$
$x^2 = 2.42$
$x = \sqrt{2.42}$
$x \fallingdotseq 1.56$
3人分は，$\sqrt{3 \times 1.21}$
$\fallingdotseq 1.91$
4人分は，$\sqrt{4 \times 1.21}$
$= 2.2$

㋒
面積比は，相似比の2乗に等しいから，2人分の円の半径を x とすると，
$1.1^2 : x^2 = 1 : 2$
$x^2 = 2 \times 1.1^2$
$x = \sqrt{2} \times 1.1$
$x \fallingdotseq 1.414 \times 1.1$
$x \fallingdotseq 1.56$（cm）

◇解決の視点からの指導の過程で，子どもの活動を捉え，発表させる子どもを決めておく。

◇㋐の解決方法を全体で共有できるようにする。㋑のような考え方が子どもから出てこない場合は，教師が紹介する。㋒のような考え方等があればそれらを紹介することも考えられる。

②「相似比と面積の比の関係」,「方程式」など解決のために活用した既習の知識・技能を確認し板書する。

◇こうした指導により，活用した知識・技能を整理することで，既習の知識・技能と関係付けたことを意識させ，その定着や学習したことが生かされていることの実感につなげたい。

◇複数の異なる解法がある場合，どの方法がよりよいかを考えさせる場面を設定することも考えられる。これによって「相似な図形の相似比と面積の比の関係」を使うことのよさを実感することにもつながる。

③2人分，3人分，4人分のパスタメジャーの円の半径が，1人分の$\sqrt{2}$倍，$\sqrt{3}$倍，2倍となることを確認する。

◇問題の解答が具体的な数値を問うているので，㋑のような方法で考えた子どもは，1.56cmが$1.1 \times \sqrt{2}$であることが分かっていないことが考えられる。そこで，板書の計算過程を確認しながら，「2人分，3人分，4人分のパスタメジャーの円の半径が1人分の円の半径の$\sqrt{2}$倍，$\sqrt{3}$倍，2倍となっている」ことを明確にする。

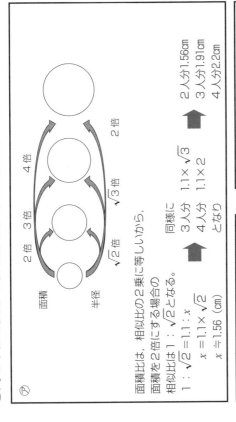

振り返り

①端緒の視点からの指導で子どもが予想してかいた２人分のパスタメジャーの円に正しい半径の円を重ねてかき，予想が正しかったかどうか確認させる。

◇予想と比較することで，自分の長さと面積の関係の感覚を実感させたり，見いだした量の感覚を実感をともなったものとして理解したりすることにつなげる。

②他の人数分の円の半径を考えさせ，一般化をさせる。

◇２人分，３人分，４人分だけでなく，５人分，６人分，…と考え，人数の変化にともなうパスタメジャーの円の半径の変化に着目させることで，帰納的に考えて，a 人分のパスタメジャーの円の半径を予想することにつなげたい。

◇ここでは，一般化する展開を優先して授業を進めるが，実際に２人分のパスタメジャーを使って測ったパスタと，１人分のパスタメジャーを使って測ったパスタの量を比べて，量が２倍になっていることを確認する場面を設けることで，具体的な事象に戻って，問題を解決した方法の適切さを確認する指導を取り入れることも大切である。

③別の半径の円について考えさせ，一般的な円の性質としてまとめさせる。

１）問題から発展的に考えて，円の一般的な性質を考えさせる。

新しい問題

半径５cmの円の２倍の面積の円の半径は何cmだろう。

◇パスタメジャーという具体的な場面から，一般的な円の場合について考えさせることで，一般的な図形の性質として捉えられるようにしたい。

◇パスタメジャーの問題とそれを解決した経験から，本当に半径を $\sqrt{2}$ 倍にすればよいのかを，方程式や相似な図形の相似比と面積の比の関係を用いて確かめさせる。

２）一般化してまとめる。

◇「円の面積を a 倍にするには，半径を何倍にすればよいか」を問い，「円の面積を a 倍にするには，半径を $\sqrt{a}$ 倍すればよい」ことをまとめる。

④さらに発展的に考えるための視点を与え，次の学びにつなげる。

◇円以外の正方形などの相似な図形の面積について問いかけることで，この時間に学んだ性質が，円という図形に閉じた性質ではないことに気付かせたい。こうすることで，「さらに他の図形でも同じことが言えるのだろうか？」「条件が変わったらどうなるのだろうか？」という探究的な態度の育成につなげたい。

◇また，立方体の体積について考えさせることで，相似比と体積の比の関係の指導につなげることも考えられる。

7　実践を通して

○端緒の視点から

・実物のパスタを見せ，１人分のパスタの量がどれぐらいかをたずねた。子どもには，重さや本数などで自由に答えさせ，手軽にそれを測るためのパスタメジャーが存在することを伝えた。実物を見せることで関心をひくことができ，本時の課題の把握につながった。

・予想する場面では，１人分の円がかかれているプリントに４人分までの円を予想してかかせ，周囲の子ども同士で大きさを比較させた。そこから円の大きさを明らかにするには，円の半径を決める必要があることを引き出し，問題を設定した。ほとんどの子どもは実際よりも大きな円をかいている様子であった。

○解決の視点から

・「１人分の円の半径は1.1cmだから，２人分の円の半径は2.2cmではないか？」と問うと，間違いであることを納得していない子どもがいた。そこで，半径2.2cmの円を実際にかかせて，半径1.1cmの円と比較させた。

・子どもは問題を解決するために，方程式を利用することや相似比と面積の比の関係に着目すればよいことなどの見通しを立て，それに基づいて数学的に処理したり，論理的に考察したりすることで解決し，考えたことをまとめていた。

・解決が進まない子どもには，想定しているように教師の周りに集めての指導を取り入れた。子どもとのやり取りの中で，$\sqrt{2}$倍や$\sqrt{3}$倍にするという発想を引き出すことができた。

○共有の視点から

・㋐が５割程度，㋑が４割程度，㋒が少数といった状況で，子どもは方程式を用いて未知数を求める傾向が強いことが分かった。

・今回は電卓の使用を認めたが，特に㋑の方法で電卓を用いて処理した子どもは，1.56cmが1.1×$\sqrt{2}$cmであることが分かっていなかった。

○振り返りの視点から

・はじめに予想した円に重ねて４人分までの正しい円をかかせたところ，予想との大きな違いに驚きの声が多数あがった。

・「半径５cmの円の２倍の面積の円の半径はいくらか」を問うと，５$\sqrt{2}$cmであることがすぐには理解できない子どもがいたので，再度，相似比と面積の比の関係を用いて$\sqrt{2}$倍になることを確認した。

・最後に，「正方形の面積を２倍にしたいとき，１辺の長さを何倍にすればよいか」や「立方体の体積を２倍にしたいとき１辺の長さを何倍にすればよいか」を問い，授業を終えると，関心の高い子どもは休み時間を使って，解決しようとする姿が見られた。

（島尾　裕介）

関数 $y = ax^2$ の y の変域について考えよう

1 本時の位置付け

本単元ではこれまで，グラフの形状に着目し，関数 $y = ax^2$ の特徴を捉えてきた。本事例では，そのグラフを活用して x の値の変化にともなう y の値の増減の様子に着目し，変域を求められるようにする。こうした活動を通して，関数 $y = ax^2$ の変域を子どもが視覚的に捉え，関数 $y = ax^2$ についての理解をさらに深められるようにすることも意図している。

また，全国学力・学習状況調査では，比例や一次関数について，x の変域に対応する y の変域を求めることに課題があることが繰り返し指摘されている。第３学年では，こうした課題の解決に学び直しを通して取り組む必要がある。

そこで本事例では，関数 $y = ax^2$ について，x の変域から y の変域を求める誤った方法を提示し，これについて考えさせることで，その誤りの理由を指摘して正しい方法に改める活動に取り組ませ，関数 $y = ax^2$ の正しい変域の求め方を理解できるようにする指導を目指した。

2 単元の指導計画（全16時間扱い）

1　関数とグラフ
　①関数……………………………３時間
　②関数のグラフ…………………４時間
2　関数の値の変化
　①関数の値の増減と変域………２時間（本時２／２）
　②関数の変化の割合……………２時間
3　いろいろな事象と関数
　①関数の利用……………………２時間
　②いろいろな関数………………１時間
4　練習問題…………………………２時間

3 本時の目標

関数 $y = ax^2$ について，x の変域に対応する y の変域を求めることができる。

4 展開の概要

端緒

○関数 $y=-2x+1$ で，x の変域が $-4 \leqq x \leqq 2$ のときの y の最小の値と最大の値をそれぞれ求めさせる。
○グラフを用いて関数 $y=-2x+1$ の変域を視覚的に捉えられるようにする。
○「関数 $y=\frac{1}{2}x^2$ の場合も同じように y の変域を求めることができるか」を問い，グラフの端点の座標を求めさせる。
○グラフの端点の座標を求めさせたところで，y の値の大小に注意して y の変域を求めることを告げ，問題を提示して正誤を予想させる。

> **問題**
> 関数 $y=\frac{1}{2}x^2$ について，x の変域が $-4 \leqq x \leqq 2$ のときの y の変域は $2 \leqq x \leqq 8$ でよいだろうか？

ポイント
・一次関数の変域を既習事項として取り上げる。
・典型的な誤答を問題とし，その正誤を予想させる。

解決

○「y の変域が $2 \leqq x \leqq 8$ であるかどうかを確かめるには，何を使えばよいか」を問い，問題を解決するための方針を立てさせる。

○個人で問題の解決に取り組ませる。

○グラフをかくことができない子どもについては，教卓の周りなどに集めて指導する。

○早く問題解決できた子どもには，変域をどのように求めたらよいか分からず困っている子どもを手助けするように促す。

ポイント
・既習の一次関数に関する復習を基に，問題解決の方針を立てる。
・グラフをかくことを大切にしたいが，子どもの学習の状況に応じて指導を工夫する。

共有

○正しい y の変域を，端緒の視点からの指導で確認した変域を捉える手順を基に明らかにする。
(a) x の変域をグラフ上で確認し，x の変域の端点に対応するグラフ上の点を求める。
(b)それらを端点とするグラフ上の部分を確認する。
(c)そのグラフの部分を y 軸に対応させて y の変域を読み取る。

○全体で関数 $y=\frac{1}{2}x^2$ の変域は $2 \leqq y \leqq 8$ ではなく，$0 \leqq y \leqq 8$ であることを確認する。

○一次関数と関数 $y=ax^2$ の変域の求め方の違いについて考えさせる。

ポイント
・正しい y の変域を求めるだけでなく，グラフを用いてそれを求めるための手順を説明させる。
・一次関数の変域を求める場合との違いを確認する。

振り返り

○「関数の変域を求めるときどんなことが大切だったか」を問い，まとめる。

○適用問題を解決させる。

> **新しい問題**
> 関数 $y=-\frac{1}{4}x^2$ について，x の変域が次のときの y の変域を求めなさい。
> (1) $-4 \leqq x \leqq 8$
> (2) $2 \leqq x \leqq 4$

○適用問題の答え合わせをする。

ポイント
・グラフの概形が変わっても，グラフを用いて y の値の増減の様子を捉えることで，変域を求められることを確認する。
・適用問題で，$x=0$ を含む変域と含まない変域を取り上げる。

5 板書計画と経験させたい活動

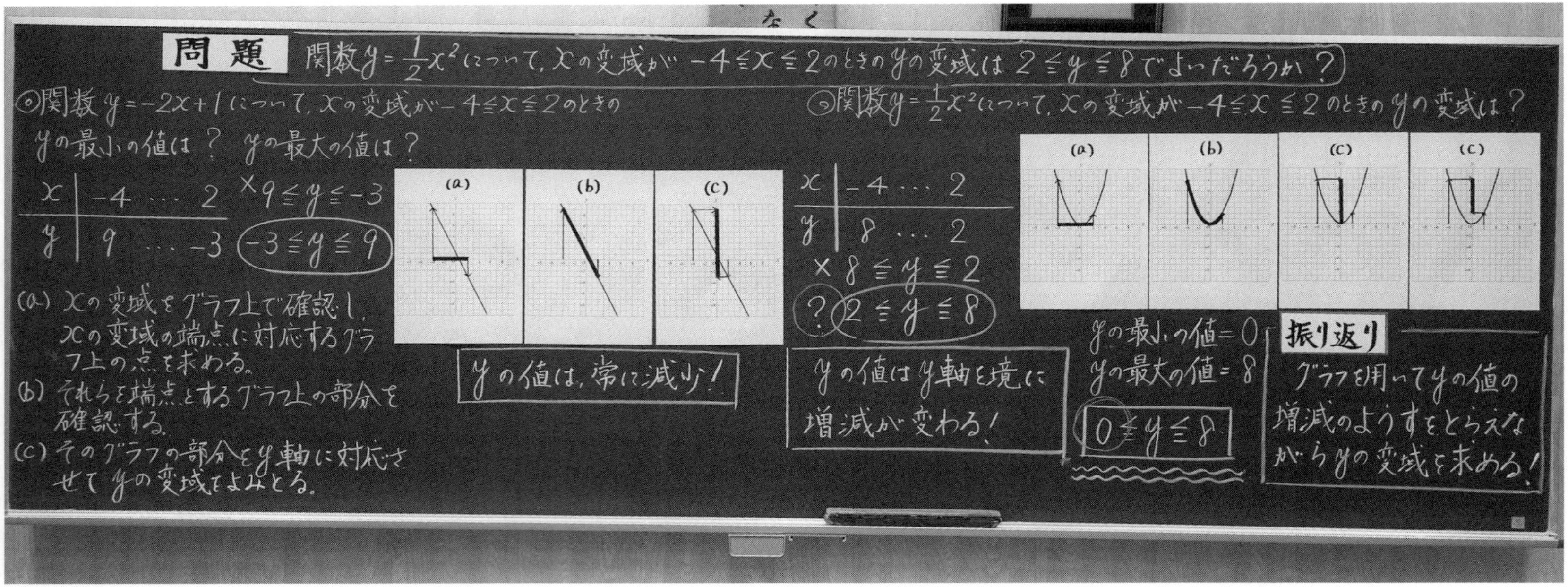
問題
関数 y = 1/2 x² について，x の変域が −4 ≦ x ≦ 2 のときの y の変域は 2 ≦ y ≦ 8 でよいだろうか？
◎関数 y = −2x + 1 について，x の変域が −4 ≦ x ≦ 2 のときの
y の最小の値は？ y の最大の値は？
x | −4 … 2
y | 9 … −3
× 9 ≦ y ≦ −3
−3 ≦ y ≦ 9
(a) x の変域をグラフ上で確認し，x の変域の端点に対応するグラフ上の点を求める。
(b) それらを端点とするグラフ上の部分を確認する。
(c) そのグラフの部分を y 軸に対応させて y の変域をよみとる。
y の値は，常に減少！
◎関数 y = 1/2 x² について，x の変域が −4 ≦ x ≦ 2 のときの y の変域は？
x | −4 … 2
y | 8 … 2
× 8 ≦ y ≦ 2
? 2 ≦ y ≦ 8
y の値は y 軸を境に増減が変わる！
y の最小の値 = 0
y の最大の値 = 8
0 ≦ y ≦ 8
振り返り
グラフを用いて y の値の増減のようすをとらえながら y の変域を求める！

経験させたい活動	端緒	解決	共有	振り返り
類推する	○			
予想する	○			
方針を立てる		○		
方法や手順を説明する		○	○	

6　展開の詳細

端緒

①一次関数 $y=-2x+1$ の変域が $-4 \leqq x \leqq 2$ のときの y の最小の値と最大の値をそれぞれ求めさせる。

◇昨年度の定期試験で出題した問題を示し，正答率が低かったことを説明し，変域の意味を確認すると共に，なぜ正答率が低かったのかを考えさせることで子どもの興味・関心を高める。

◇ y の最小の値と最大の値を右のような表にまとめ，グラフの端点の y 座標が y の変域になることを確認したい。

x	-4	…	2
y	9	…	-3

②グラフを用いて，一次関数 $y=-2x+1$ の変域を視覚的に捉えることができるようにする。

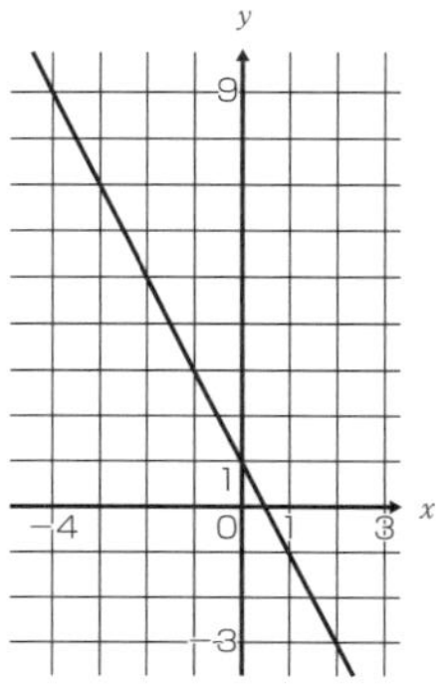

◇「表から，x の変域が $-4 \leqq x \leqq 2$ のときの y の変域は，$9 \leqq y \leqq -3$ でいいかな？」と問い，「9以上−3以下」が誤りであることを，関数 $y=-2x+1$ のグラフを提示して確認する。

◇グラフを用いて x の変域に対応する y の変域を視覚的に捉えられるようにすることが，本時の重要な基盤になるため，y の変域を次のような手順で確認し，既習事項の学び直しを図りたい。

(a) x の変域をグラフ上で確認し，x の変域の端点に対応するグラフ上の点を求める。

(b)それらを端点とするグラフ上の部分を確認する。

(c)そのグラフの部分を y 軸に対応させ y の変域を読み取る。

③「関数 $y=\frac{1}{2}x^2$ の場合も同じように y の変域を求めることができるか」を問い，①と同様にグラフの端点の座標を求めさせる。

x	-4	…	2
y	8	…	2

◇全体で確認しながら教師が板書して進める。表のかき方はあえて①の場合と同じにする。

④問題を提示する。

◇端点の座標から，一次関数と同じように y の値の大小に注意して，y の変域を求めることを強調しながら問題を提示する。

> **問題**
>
> 関数 $y=\frac{1}{2}x^2$ について，x の変域が $-4 \leqq x \leqq 2$ のときの y の変域は $2 \leqq x \leqq 8$ でよいだろうか？

◇「よい」「よくない」「分からない」の3択で予想させる。

◇典型的な誤答を扱い，どこがよくないかだけでなく，なぜよくないのかを理解できるようにする。

解決

①「yの変域が$2 \leqq y \leqq 8$であるかどうかを確かめるには，何を使えばよいか」を問い，問題を解決するための方針を立てさせる。

◇端緒の視点からの指導で，グラフを用いて一次関数のyの変域を確認したことから，「グラフで確かめる」という意見が子どもから出てくることが予想される。そこで，「グラフを用いてyの変域を確かめる」ことを方針として位置付ける。

②個人で問題の解決に取り組ませる。

◇グラフ用紙に関数$y=\frac{1}{2}x^2$のグラフをかいてそれを基にyの変域を求めさせる。本時はyの変域を求めることができるようにすることが目標であるため，周囲と相談せず個別の取組を重視したい。

◇すでに関数$y=\frac{1}{2}x^2$のグラフがかかれたグラフ用紙を配付することも考えられるが，-4と2の間のxの値を式に代入しながらyの値を求め，表にまとめることで$2 \leqq x \leqq 8$が適切でないことに気付くこともあるので，できるだけ子ども自身にグラフをかかせたい。なお，必要に応じて電卓を利用させる。

x	-4	-3	-2	-1	0	1	2
y	8	$\frac{9}{2}$	2	$\frac{1}{2}$	0	$\frac{1}{2}$	2

◇グラフの表し方は，必ずしも変域内を実線，変域外を破線で表させる必要はないが，変域内は色をつけさせたり，線を太くさせたりして，yの最小の値と最大の値が視覚的に分かるようにさせたい。端緒の視点からの指導で一次関数のyの変域を復習する際にもこうした手法を取り入れておきたい。

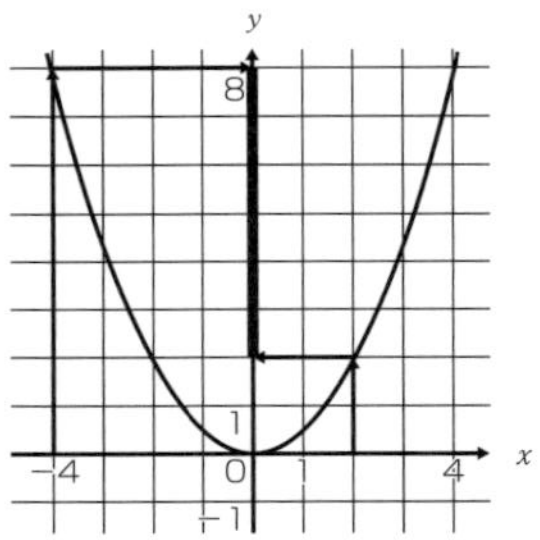

◇右図（太線）の部分をyの変域と捉え，yの変域が$2 \leqq x \leqq 8$であると判断している子どもがいることも予想されるが，ここで指導するのではなく，共有の視点からの指導で，自分の変域の捉え方を評価・改善できるようにする。

③グラフをかくことができない子どもについては，教卓の周りなどに集めて指導する。

◇教師がつぶやきながら表をつくり，グラフ用紙に点を取って，関数$y=\frac{1}{2}x^2$のグラフをかく過程を確認できるようにする。

④早く問題を解決できた子どもには，変域をどのように求めたらよいか分からず困っている子どもを手助けするように促す。

◇答えを教えるのではなく，端緒の視点からの指導で確認したグラフを基に変域を捉える手順を一緒に確認することで，困っている子どもが自分で変域を求められるようにして欲しいことを伝える。

共有

①正しい y の変域を，端緒の視点からの指導で確認した変域を捉える手順を基に明らかにする。

◇解決の視点からの指導で机間指導する際に，ここで取り上げる子どもの説明を確認しておく。

◇全体で，関数 $y=\frac{1}{2}x^2$ のグラフを確認した上で，子どもに口頭で説明させ，子どもの説明を聞きながら，教師が下の図のようにグラフに線などをかき入れていき，視覚的に変域を捉えることができるようにしていく。

(a) x の変域をグラフ上で確認し，x の変域の端点に対応するグラフ上の点を求める。

(b)それらを端点とするグラフ上の部分を確認する。

(c)そのグラフの部分を y 軸に対応させて y の変域を読み取る。

(a)

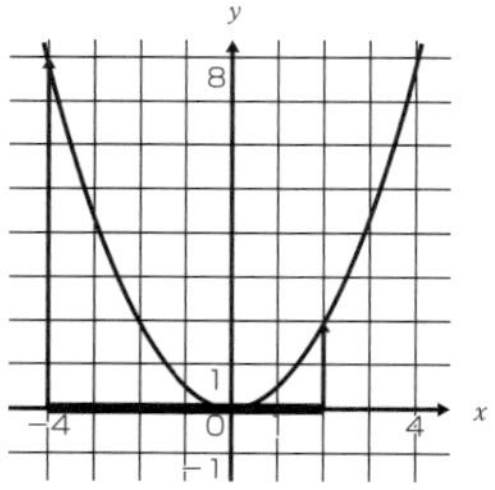

(b)

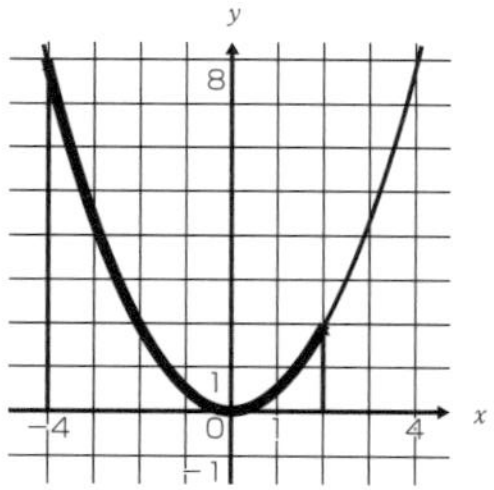

(c)

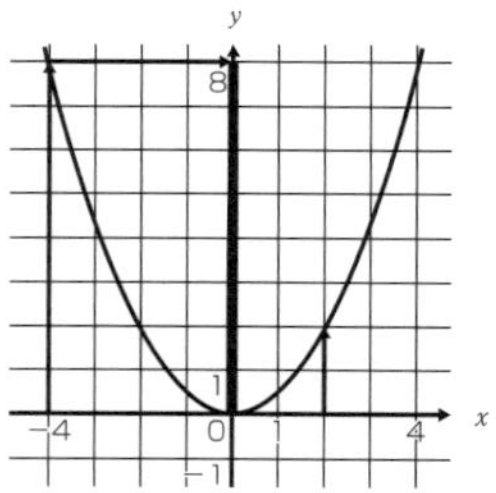

◇実物投影機を用いて，子どもがかいたグラフを提示し，説明させることも考えられる。

②全体で y の変域は $2 \leqq x \leqq 8$ ではなく，$0 \leqq x \leqq 8$ であることを確認する。

◇グラフから関数 $y=\frac{1}{2}x^2$ では，x の変域が $-4 \leqq x \leqq 2$ のとき，y の値が2以下になる場合もあることや，y の最小の値は0であることを確認して，y の変域は $2 \leqq x \leqq 8$ ではなく，$0 \leqq x \leqq 8$ であることを理解できるようにする。

③一次関数と関数 $y=ax^2$ の変域の求め方の違いについて考えさせる。

◇「なぜ，一次関数では，グラフの両端の x 座標を代入するだけで y の変域を求めることができたのか」を問い，一次関数と関数 $y=ax^2$ のグラフの特徴の違いに着目させる。一次関数はグラフが直線で，y の値の増減が変化しないことから，グラフの端点の座標が分かれば y の変域が決まるが，関数 $y=ax^2$ はグラフが放物線で，y 軸を境に y の値の増減が変化するため，グラフの端点の x 座標だけでは，y の変域が決まらないことを明らかにする。

◇同じ手順(a)～(c)で y の変域を求めることができるが，(c)の「y の変域を読み取る」部分に注意が必要であることを指摘する。

◇このことに関連させて，ここで比例，反比例も含めて，これまで学んできた関数の変域の求め方を比較させることも考えられる。それぞれの関数のもつ性質とグラフの特徴をより深く関連付けて理解できるようにすることが目的である。

振り返り

①「関数の変域を求めるときには，どんなことが大切だったか」を問い，次のことをまとめる。

・関数の変域を求めるときには，(a)〜(c)の手順に従ってグラフを基に，y の値の増減の様子を捉えることが大切である。

◇共有の視点からの指導の③を例としてまとめる。中学校における学習としては関数 $y = ax^2$ までであるが，高等学校での様々な関数についての学習においても，大切な視点となる。

②適用問題を解決させる。

新しい問題

関数 $y = -\frac{1}{4}x^2$ について，x の変域が次のときの y の変域を求めなさい。

(1) $-4 \leqq x \leqq 8$

(2) $2 \leqq x \leqq 4$

◇関数 $y = ax^2$ は，比例定数の値によってグラフの概形が変わる。そこで，比例定数を負の数に変えた問題に取り組ませることで，グラフの概形が変わってもグラフを用いて y の値の増減の様子を捉えれば変域を求められることを，子どもが実感をともなって理解できるようにしたい。

◇ x の変域に0を含む場合は，比例定数が正の数か負の数かで，原点が y の最小値となったり最大値となったりする。そこで(1)のように x の変域に0を含む場合の y の変域について考えさせることで，もとの問題とは異なり，原点が y の最大値になることに気付かせたい。

◇(1)では，y の最大値が0になったため，安易に y の変域の片方を0にしてしまう子どももいる。そこで(2)のように x の変域に0を含まない場合の y の変域について考えさせることで，安易に y の変域の片方を0にするのではなく，再度グラフを用いて変域を捉えることの大切さを確認させたい。

◇適用問題はグラフをかくことが目的ではないため，グラフをかくことが苦手な子どもや時間がかかる子どもには，関数 $y = -\frac{1}{4}x^2$ のグラフが破線等でかかれているグラフ用紙を渡し，それを基に考えてみるように促すことで，y の値の増減の様子を捉えながら変域を求められるようにしたい。また，(2)については，比例定数が正の数の場合であっても確認できるので，子どもの学習の実態に応じて，取り上げる関数を検討する必要がある。

③適用問題の答え合わせをする。

◇共有の視点からの指導と同じように，子どもに発表させ，教師がグラフ上に記入し，変域の求め方の手順に沿ってまとめる。

◇子どもの学習の状況を捉えるために，授業後に回収してもよい。

7　実践を通して

○端緒の視点から

・最初に一次関数の x の変域に対応する y の変域を求めさせたが，予想通り多くの子どもが変域の意味や求め方を忘れていた。導入では，既習の関数についてグラフを基に変域を求める手順を振り返った後に，本時の問題を提示する必要性を感じた。

・問題を提示する際には，一次関数と同様にグラフの端点の座標を求めさせ，y 座標をそのまま y の変域とする方法でよいかどうかを予想させた。８と２を入れ替えるという過程を踏んでいるので問題ないと考えている子どももいたようで，「よい」と予想した子どもは４割程度，「よくない」と予想した子どもは６割程度であった。このように予想が分かれたことで，本時の問題について考える必要性を引き出すことができた。

○解決の視点から

・端緒の視点からの指導で，一次関数の変域をグラフを用いて確認したため，「y の変域が $2 \leqq x \leqq 8$ であるかどうかを確かめるには，何を使えばよさそうか」を問うと，子どもから「グラフを用いて確かめればよい」という意見が自然に出てきた。このように子どもが自ら方針を立てられるようにするためには，その前提となる指導が大切であると感じた。

・早く問題解決できた子どもには，困っている子どもに，変域を捉える手順(a)～(c)を伝えながら，変域を確かめるように促したが，一方的に方法や答えを伝えてしまい，困っている子どもがひたすら聞いている姿が多くなってしまった。日頃から子ども同士を対話させる際に，「どうしてそう考えたの？」など互いの考え方を聴き合う関係を育てていく必要がある。

○共有の視点から

・グラフを用いて変域を捉える手順を明らかにしたので，多くの子どもが正しい y の変域を求めることができた。しかし，子どもにその変域を求めた手順を説明させようとすると，なかなかうまく説明できないことが多かった。子どもが説明することを経験する場面を適材適所で充実させていきたい。

・関数 $y = ax^2$ の変域を求めることだけに留まらず，既習の関数の変域の求め方と比較させることで，グラフの概形や y の値の増減に着目して考察することができた。関数 $y = ax^2$ の理解を深めるためにも，常に既習の関数との共通点や相違点に着目させる指導を考えていきたい。

○振り返りの視点から

・変域を誤って捉えていた子どもから，「式に代入するだけでなくグラフを用いて変化の様子を調べることが大切だと思った」という発言があり，変化を可視化して表現するというグラフのよさを実感させることができた。

（油井　幸樹）

3年 データの活用 標本調査

広辞苑第７版の見出し語の総数を調べよう

1　本時の位置付け

第３学年における「データの活用」の領域では，標本調査について扱い，指導を通じて，子どもが母集団の一部分を標本として抽出する方法を理解したり，標本の傾向から母集団の傾向を推定し判断したりできるようにすることが求められている。本事例では，広辞苑を題材に，2018年に改訂された第７版に掲載された見出し語の総数を推定することを数学的活動を通して指導する。子どもは，ある程度のページ数を無作為に抽出し，各ページに掲載された見出し語数を調べる活動を通して，その平均値と総ページ数から見出し語の総数を推定する。そして，推定した値と実際の値を比較し，無作為抽出で取り出した標本の大きさの違いが推定値に影響を与えることや，標本の大きさが大きい方が母集団の傾向を推定しやすくなることを活動を通して経験的に理解できるようにしたい。また，無作為に抽出しない場合と比較しながら，無作為抽出の必要性を実感させたい。このような活動を通して，子どもが標本調査の意味や有用性を実感できる指導を目指す。

2　単元の指導計画（全６時間扱い）

1　全数調査と標本調査
①全数調査と標本調査……………………１時間
②標本調査の必要性と意味……………１時間
③無作為抽出……………………………１時間

2　標本調査の活用
①標本調査を行い，
母集団の傾向を説明する……………２時間（本時１／２時）

3　練習問題………………………………１時間

3　本時の目標

標本調査を行い，広辞苑に掲載されている見出し語の総数を推定することができる。

4　展開の概要

端緒

○「東京スカイツリー」「ゲリラ豪雨」などの言葉を提示し，共通点は何かを考えさせる。

> **課題**
> 今回発売された広辞苑第７版には，第６版から，およそ何語追加されたでしょうか？
> A　10語　B　100語　C　1000語　D　10000語

○収録されている言葉の数が何語追加されたか予想させ，挙手を促す。

> **問題**
> 広辞苑第７版の見出し語の総数を調べよう。

ポイント　身近な話題を取り上げ，見出し語数を予想させることで，本当に正しいのはどれかを知りたいという子どもの興味関心を高める。

解決

○どのように調査するかの方針を立てる。

○次の標本調査の手順を確認する。
- ・母集団である広辞苑の全ページから何ページかを抽出して標本とする。
- ・標本の各ページに掲載されている見出し語の数を数える。
- ・全ての標本の見出し語の数を平均して，標本１ページ当たりの見出し語の平均値を求める。
- ・この平均値を広辞苑第７版の総ページ数倍して，広辞苑第７版の見出し語の総数を推定する。

○グループで調査方法を決め，それに基づいて，見出し語の総数を推定する。

ポイント
- ・全てのページについて調べることは困難であることに気付かせ，標本調査を用いる必要感をもたせる。
- ・標本の大きさと抽出の方法の組み合わせで，グループごとに調査方法を変え，結果への影響を考察できるようにする。

共有

○グループで調査した結果を板書させる。
- ・広辞苑第７版の見出し語の総数が約25万語であることを確認する。
- ・第６版の収録語数は約24万語なので，端緒の視点からの指導で示した課題の正解は「D」である。

○25万語に最も近かったグループと最も遠かったグループの調査方法について発表させる。

○無作為抽出と作為的な抽出で推定した値を比較する。
例　作為的に抽出したグループのページ数にはばらつきがあるが，無作為抽出したグループのページ数はどれも近い値になる。

ポイント　標本調査をして，広辞苑の見出し語の総数をどのように推定したか説明する活動を通して，標本の大きさの違いや抽出の方法の違いが，推定する値にどのような影響を与えるかを確認する。

振り返り

○標本調査の結果，分かったことを確認する。

○適用問題を解決させる。

> **新しい問題**
> 広辞苑第７版において，「ビットコイン」のようにカタカナだけからなる見出し語が何語収録されているかを調べます。
> 次の調査方法ＡとＢについて，どちらで推定する値の方が実際の収録語数に近くなるでしょう。またその理由を書きましょう。（調査方法Ａ，Ｂ略）

ポイント
- ・標本調査をしたことで分かったことをまとめさせる。
- ・適用問題の解決を通して，標本調査の方法や結果を批判的に考察し表現させる。

5 板書計画と経験させたい活動

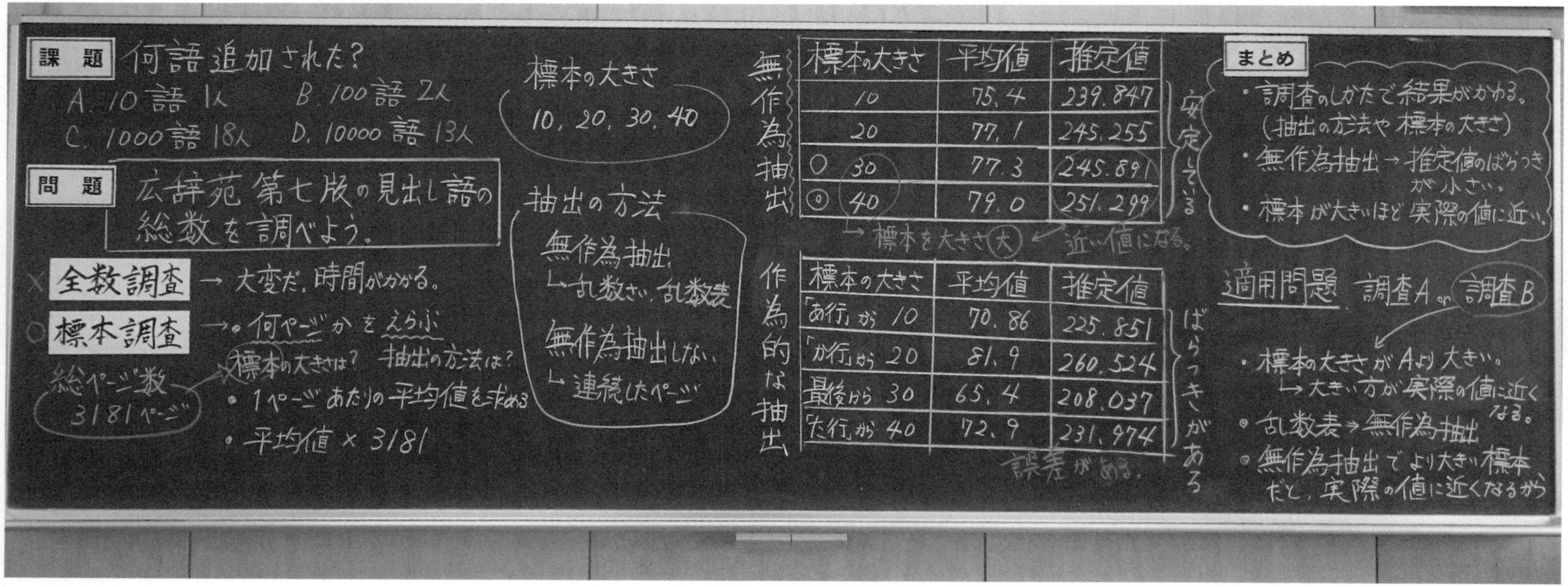
課題
何語追加された?
A.10語 1人 B.100語 2人
C.1000語 18人 D.10000語 13人
問題
広辞苑第七版の見出し語の総数を調べよう。
× 全数調査 → 大変だ。時間がかかる。
○ 標本調査 →・何ページかをえらぶ
標本の大きさは? 抽出の方法は?
・1ページあたりの平均値を求める
・平均値 × 3181
総ページ数 3181ページ
標本の大きさ
10, 20, 30, 40
抽出の方法
無作為抽出
↳乱数さい、乱数表
無作為抽出しない。
↳連続したページ
無作為抽出
標本の大きさ	平均値	推定値
10	75.4	239.847
20	77.1	245.255
○ 30	77.3	245.891
◎ 40	79.0	251.299
安定している
→標本を大きさ(大) 近い値になる。
作為的な抽出
標本の大きさ	平均値	推定値
「あ行」から 10	70.86	225.851
「か行」から 20	81.9	260.524
最後から 30	65.4	208.037
「た行」から 40	72.9	231.974
ばらつきがある
誤差がある。
まとめ
・調査のしかたで結果がかわる。(抽出の方法や標本の大きさ)
・無作為抽出→推定値のばらつきが小さい。
・標本が大きいほど実際の値に近い。
適用問題 調査A or 調査B
・標本の大きさがAより大きい。
↳大きい方が実際の値に近くなる。
◎ 乱数表→無作為抽出
◎ 無作為抽出でより大きい標本だと、実際の値に近くなるから

経験させたい活動	端緒	解決	共有	振り返り
予想する	○			
方針を立てる		○		
方法や手順を説明する		○	○	
理由を説明する				○

6　展開の詳細

端緒

①次の言葉を提示し，共通点は何かを考えさせる。

東京スカイツリー	ゲリラ豪雨	新型インフルエンザ
ブラック企業	ビットコイン	自撮り

◇子どもの興味・関心を高めるために，「東京スカイツリー」など第７版で新たに掲載された言葉を紹介する。ここでは，「漢字とカタカナから構成される単語」「最近よく聞く言葉」といった子どもの自由な発想を大切にしたい。教師から，これらの言葉が2018年１月に発売された広辞苑第７版において，新たに追加された言葉であることを伝え，およそ10年前に発売された広辞苑第６版は，総項目数24万語であったことから次のような課題を提示する。

課題

今回発売された広辞苑第７版には，第６版から，およそ何語追加されたでしょうか？

A　10語　　B　100語　　C　1000語　　D　10000語

◇ここで，広辞苑の第７版と第６版を両方準備しておき，子どもに厚さを比べさせるとよい。第７版は，第６版と比べて140ページ増加しているが，製紙技術の発達により，厚さが大きく変化していない。そのため，厚さを比べると，ＡやＢと予想する子どもが増えるものと考えられる。

②子どもに，収録されている言葉が何語追加されたか予想させる。

◇自分の予想に近い値で挙手させることで，子どもは，様々な予想があることに気付く。こうすることで，本当に正しいのはどれになるかという子どもの追究意欲の高まりが期待できる。

◇予想したのち，実際に第７版のあるページを提示し，広辞苑の構成と「見出し語」の意味を全体で確認する。

◇第７版で新たに何語の見出し語が追加されたかを調べるためには，第７版に何語の見出し語があるかを調べる必要があることを確認し，問題を提示する。

問題

広辞苑第７版の見出し語の総数を調べよう。

◇なお，広辞苑の第６版から第７版になる際に，「給水ポンプ」「スーパー特急」など時代の変化で説明が不要になった言葉が一部削除されているが，これらについては授業では触れない。

解決

①どのように調査するかの方針を立てる。

◇これまでに学習した全数調査と標本調査のどちらの方法で調べるべきか方針を立てる。全数調査も可能であるが，子どもの人数と時間的な問題から全てのページを調べる全数調査が困難であることを確認し，標本調査で進めることを決める。

②次の標本調査の手順を確認する。

・母集団である広辞苑の全ページから，何ページかを抽出し，それを標本とする。
・標本の各ページに掲載されている見出し語の数を数える。
・全ての標本の見出し語の数を平均して，標本１ページ当たりの見出し語の平均値を求める。
・この平均値を広辞苑第７版の総ページ数倍して，広辞苑第７版の見出し語の総数を推定する。

◇「調査をする上で，知りたいことはないか」を問うことで，上の手順で調査をするためには，広辞苑第７版の総ページ数が必要であることを確認し，3181ページあることを伝える。

◇「調査をする上で，決めなければならないことはないか」を問うことで，次の２点を確認する。

・どのくらいのページを調べればよいか。（標本の大きさ）
・調べるページをどのように選べばよいか。（抽出の方法）

③グループをつくり，調査方法を決めさせる。

◇本事例では，より正確な推定をすることよりも，標本の大きさや，その抽出の仕方の違いによって，推定する値にどれくらいの違いが出るかを共有の視点からの指導で取り上げたい。そこで，標本の大きさと抽出の方法について，次のような場合を設定し，グループごとに組み合わせて方法を決める。

・標本の大きさについては，10ページ，20ページ，30ページ，40ページの４種類。
・抽出の方法については，無作為抽出する場合には，乱数さいや乱数表，乱数を発生させるソフトを準備し，無作為抽出しない場合（「作為的な抽出」とする）には，連続したページを抽出する。

◇４人程度のグループをつくって，標本調査を進める際の役割分担を決めさせる。なお，各グループに広辞苑第７版を１冊ずつ配付する。

④グループの調査方法に基づいて，見出し語の総数を推定する。

◇調査の手順等が分からないグループがある場合は，教師を呼ぶように指示し，作業の進め方や，道具の使い方等について指示すると共に，標本の抽出の仕方や見出し語の総数の推定の仕方等に誤りがないかどうか確認する。

共有

①グループで調査した結果を板書させる。

◇板書の際には，表をつくり，標本の大きさと抽出の仕方を示し，１ページ当たりの平均値，推定した見出し語数を記入させる。

◇それぞれのグループの調査結果がそろったところで，教師は，広辞苑のチラシまたは帯を子どもに見せ，実際の見出し語の総数が約25万語であることを確認する。なお，第６版の収録語数は約24万語なので，端緒の視点からの指導で示した課題の正解は「D」である。

②25万語に最も近かったグループと最も遠かったグループの調査方法について発表させる。

発表の例

・私たちのグループは，最後から30ページ分を調べました。すると１ページ当たりの平均が，65.4文字になりました。１ページ当たり65.4文字あると考え，3181ページ分を求めると，およそ208037語の見出し語数になると推定しました。

・私たちは，乱数表から無作為に40ページを選びました。平均すると１ページ当たり79語になりました。全てのページに79語あるとすると，79×3181＝251299になりました。およそ25.1万語だと推定しました。

◇調査の進め方とその調査結果を説明させる。場合によっては，大きな標本を選び，無作為抽出を実施しても，真の値から遠くなることもあるかもしれないが，調査の方法やその結果を説明することを大切にしたい。そのため，教師は，推定した値だけではなく，「どのような抽出方法をとったのか」や「標本から求めた値から，母集団の値をどうやって推定したのか」などが明確に説明されているかどうかを確認する必要がある。

③無作為抽出と作為的な抽出で推定した値を比較する。

◇板書された各グループの結果を比較して，気付いたことを発言させることで，標本の大きさや抽出の方法によって，推定した値がどのように異なるのかを考えさせる。振り返りの視点からの指導につながる部分なので，丁寧に扱いたい。ここでは，例えば，次のようなことを取り上げられるとよい。

・作為的に抽出したグループの推定した見出し語数にはばらつきがあるが，無作為抽出したグループの推定した見出し語数はどれも近い値になる。

・標本を大きくすると，推定したページ数は，実際のページ数に近い値になる。

・より正確なページ数を推定するためには，より大きな標本を無作為に抽出するとよいのではないか。

振り返り

①標本調査の結果，分かったことを確認する。

◇「標本調査を実際にやってみて，どんなことが分かったか」を問い，次のような子どもの気付きを引き出したい。

- 標本調査をするときには，母集団が何で，標本が何なのかをはっきりさせる必要がある。
- 事前に標本調査を進める手順を明らかにしておくことで，見通しをもって作業を進めることができる。
- グループの中で役割分担をすることで，手際よく調査が進められる。
- 標本調査の結果は，標本の大きさや抽出の方法によって違ってくる。
- 無作為抽出する方が，そうでないときより，推定する値のばらつきが小さくなる。
- 標本が大きいほど，実際の値に近い値を推定できるのではないか。
- 実際の値に近付けるためには，無作為抽出と十分に大きな標本が必要になる。

②適用問題を解決させる。

新しい問題

広辞苑第７版において，「ビットコイン」のようにカタカナだけからなる見出し語が何語収録されているかを調べます。

次の調査方法ＡとＢについて，どちらで推定する値の方が実際の収録語数に近くなるでしょう。またその理由を書きましょう。

	調査A	調査B
標本の大きさ	10	50
抽出の仕方	最初から連続する10ページを選ぶ	乱数表を使って50ページを選ぶ

◇ここで子どもに取り組ませる適用問題としては，再度標本調査を行わせることや，その結果から推定される値を計算で求めさせることなども考えられる。しかし，ここでは，標本調査の方法や結果を批判的に考察し表現することの重要性が新学習指導要領で指摘されていることを重視した。つまり，標本調査の模擬実験を通して学んだことから，標本の大きさや抽出の方法が推定する値に与える影響を理由として，より適切な推定の方法を選択させるという問題である。

◇本時の目標は，標本調査を行い，広辞苑に掲載されている見出し語の総数を推定することであり，説明することを求めるものではないが，標本調査を実施して分かったことは，その手順だけではなく，調査の仕方が結果に大きく影響することも含まれる。こうした点を学習の成果として明確に位置付け，子どもが意識できるようにしたいと考えてこのような問題を設定した。

7　実践を通して

〇端緒の視点から

・プレゼンテーションソフトを活用し，６つの言葉を順に提示していったところ，子どもは「漢字とカタカナからなる言葉ではないか」とか「流行語ではないか」と思い思いの反応を示した。「広辞苑に載った言葉だ」と反応した子どもの言葉を受けて，問題を提示した。こうした演出により，子どもの興味関心が高まったように感じた。

・追加の語数を予想させたところ，「C．1000語」に挙手する子どもが多かった。予想が分かれることで，本当に正しいのはどれになるかを確かめたいという思いを抱かせることができ，子どもの追究意欲を高めることにつながった。

・広辞苑では，「小見出し語」も見出し語の総数に含まれるため，課題を提示する前に「見出し語」とは何かをおさえた。

〇解決の視点から

・解決の方針を立てる際には，分担して全数調査を行うという発想は出てこなかった。広辞苑の実物を提示したためだと考えられる。標本調査で調べることを全体で確認した後，「標本調査で調べるときに大切なことは何か」と問うと，すぐに「無作為抽出をすること」という反応があった。標本の大きさに関わる発言がなかったため，標本の大きさについては教師が指摘した。

・調査にかかる時間を20分程度とすると，乱数さいや乱数表を用いる時間も考慮して，標本は20～30ページ程度がよい。また，作為的に連続したページを調べる場合は，標本の大きさを40ページ程度にすることも可能である。

・無作為抽出の方法としては，乱数表を用いたグループが多かった。しかし，乱数表では，４桁の数を決める際に，3181を超えることが多く，乱数の取り直しに時間がかかってしまった。乱数を発生させるソフトの活用を進めることを検討したい。

〇共有の視点から

・実践授業では，20ページから30ページを無作為に抽出して調査を行っても，全てのグループで測定値が23万語から24万語に収まってしまう学級があった。逆に，作為的に連続30ページを抽出した方が25万語に近付くというグループもあった。ただし，無作為に抽出したグループ全体では，測定値にばらつきが少なく，作為的に抽出したグループはばらつきが大きいことが言えるので，振り返りの視点からの指導のまとめ方で強調する必要がある。

〇振り返りの視点から

・子どもからは，「推定した値と本当の値は大きく違わないが，無作為抽出のときは値が安定する」ことや，「全てを調べることは大変だが，標本調査なら効率よく調べることができる」ことなど，標本調査の有用性についての指摘が多かった。

（市川　大輔）

【執筆者紹介】

永田潤一郎　文教大学教授

市川　大輔　信州大学教育学部附属長野中学校教諭

大田　誠　山口県教育庁義務教育課指導主事

島尾　裕介　鳴門教育大学附属中学校教諭

須江　直喜　信州大学教育学部附属松本中学校教諭

鈴木　誠　東京学芸大学附属世田谷中学校教諭

油井　幸樹　信州大学学術研究院教育学系准教授

（以上五十音順）

【編著者紹介】

永田　潤一郎（ながた　じゅんいちろう）

1962年東京都出身。千葉大学大学院教育学研究科数学教育専攻修了。1988年から千葉県内の県立高校と千葉大学教育学部附属中学校に17年間勤務。2005年から文部科学省初等中等教育局教育課程課で教科調査官として平成20年に告示された学習指導要領の改訂や学習指導要領解説の作成等を担当すると共に，国立教育政策研究所で教育課程調査官・学力調査官として研究指定校の指導や評価規準の作成，全国学力・学習状況調査の問題作成及び分析等に取り組む。

千葉県教育庁指導課教育課程室に勤務した後，2012年から文教大学教育学部で教員養成に携わりながら，全国各地で行われる研究会や研修会に積極的に参加して，学校現場の先生方と学び合う機会を大切にしている。現職は文教大学教授。

主な著書に『数学的活動をつくる』（東洋館出版社），『観点別学習状況の評価規準と判定基準　中学校数学』（図書文化社），『数学科の授業づくり・はじめの一歩』中学１年編～中学３年編，『平成29年版　中学校新学習指導要領の展開　数学編』（以上明治図書）他。

中学校新学習指導要領
数学的活動の授業デザイン

2018年７月初版第１刷刊　©編著者　永　田　潤　一　郎
2019年８月初版第２刷刊　発行者　藤　原　光　政
発行所　明治図書出版株式会社
http://www.meijitosho.co.jp
（企画）矢口郁雄　（校正）大内奈々子
〒114-0023　東京都北区滝野川7-46-1
振替00160-5-151318　電話03(5907)6701
ご注文窓口　電話03(5907)6668

＊検印省略　組版所　藤　原　印　刷　株　式　会　社

Printed in Japan　ISBN978-4-18-205814-1